特色课程建设丛书

丛书主编　杨四耕

朱　萍◎主编

儿童自然探索课程

华东师范大学出版社

·上海·

图书在版编目(CIP)数据

儿童自然探索课程/朱萍主编.—上海:华东师范大学出版社,2024

(特色课程建设丛书)

ISBN 978 - 7 - 5760 - 4767 - 7

Ⅰ.①儿… Ⅱ.①朱… Ⅲ.①自然科学-学前教育-教学参考资料 Ⅳ.①G613.3

中国国家版本馆 CIP 数据核字(2024)第 053948 号

特色课程建设丛书

儿童自然探索课程

丛书主编	杨四耕
主　　编	朱　萍
责任编辑	刘　佳
项目编辑	林青荻
审读编辑	
责任校对	古小磊　时东明
装帧设计	卢晓红

出版发行 华东师范大学出版社
社　　址 上海市中山北路 3663 号　邮编 200062
网　　址 www.ecnupress.com.cn
电　　话 021 - 60821666　行政传真 021 - 62572105
客服电话 021 - 62865537　门市(邮购)电话 021 - 62869887
地　　址 上海市中山北路 3663 号华东师范大学校内先锋路口
网　　店 http://hdsdcbs.tmall.com

印 刷 者 浙江临安曙光印务有限公司
开　　本 787 毫米×1092 毫米　1/16
印　　张 15.75
字　　数 218 千字
版　　次 2024 年 3 月第 1 版
印　　次 2024 年 9 月第 2 次
书　　号 ISBN 978 - 7 - 5760 - 4767 - 7
定　　价 52.00 元

出版人　王　焰

编委会

主 编
朱 萍

编 委
俞春燕 司有芳 曹 越 巢 莹 夏 雯 张丽芳

丛书总序　走向课程自觉

在费孝通先生看来,文化自觉是生活在一定文化历史圈子里的人对其文化有"自知之明",并对其发展历程和未来有充分的认识。换言之,文化自觉就是文化的自我觉醒、自我反省和自我创建。

要提升学校课程品质,实现立德树人根本任务,文化自觉是不可或缺的。在我看来,课程领域的文化自觉就是课程自觉,它是人们基于对课程的理性认识,为着课程品质的提升而有清晰的目标意识和科学的路径观念,自觉参与课程变革实践的理性之思与理性之行。

课程自觉是一种有密度的自觉,它不是一个简单概念,而是一种思想、一种行动、一种文化,包含课程自知、课程自在、课程自为、课程自省以及课程自立等基本构成。推进特色课程建设,我们需要怎样的课程自觉呢?

1. 清晰的课程自知。课程自知是人们对特定课程情境的自觉理解,对课程理念和愿景的清晰判断,对课程内容和框架的基本认识,对课程实施路径和方位的整体把握。认识课程,认识自我,这不是一件容易的事。对一位校长来说,课程自知意味着对学校课程规划的整体理解,自觉研判学校文化与课程建构的关系、育人目标与课程架构的关系、资源调配与课程实施的关系;对一位教师来说,课程自知意味着对学科课程群建设的自觉思考,自觉跳出"课程即科目""课程即教学内容"等狭隘的课程观,建立与立德树人要求相适应的崭新课程观。

2. 透彻的课程自在。萨特说:存在先于本质。他曾将存在分为自在的存在和自为的存在,自在的存在是物体同其本身等同的存在,自为的存在是同意识一起扩展的存在。课程自觉需要深刻理解课程自在的文化,需要完整把握课程自在的处境,需要清晰认识课程变革的制度环境和现实可能,进而意识到哪些是可为的,哪些是不可为的;哪些是必须做的,哪些是可选择的;哪些是自己即可为的,哪些是需要制度支持的。

3. 积极的课程自为。按照萨特的观点，自为的存在是自我规定自己存在的。意识是自为的内在结构，自为的存在就是意识面对自我的在场。对课程变革而言，课程主体按照课程发展规律，通过自身的自觉行为和实践实现课程品质的提升，就是课程自为。课程自为意味着我们对课程自在的不满足，意味着我们开动脑筋思考课程变革的空间，意味着我们通过直面本己的课程实践培育新的课程文化，意味着我们在积极的卷入中推进课程深度变革。

4. 深刻的课程自省。课程自省即课程反思。杜威(1933)曾将反思解释为"思，我所思(thinking about thinking)"，他鼓励专业人士审思每一个专业判断之下的潜在逻辑。课程变革是一种反思性实践，需要对实践进行反思，再将反思带到新的实践中去。反思性实践是一种主动且持续地审视理论、信念和假设的过程，它可以帮助我们在课程实践中更好地理解自我与他人，选择合适的方式应对可能的情境。课程反思是凌驾于思维之上的更高层次的反思。当你站在既定的框架里去检查这些规则的时候，是无法发现这些规则的问题的；如果你可以跳脱出来，不带评判和预设地去分析这些规则，其中的不妥之处就会被你看到。课程反思是一种能力，当你掌握了这项能力的时候，你就像"觉醒"了一样，一样的世界，你却会有不一样的"看法"。这就是哈贝马斯所谓的"沟通理性"概念，提升课程品质特别需要这样一种理性：反省、批判和论证。

5. 持守的课程自立。《礼记·儒行》："力行以待取。"每一个人只有在自己的行动中，才能发现自己，才能向世界宣布他具有怎样的价值。课程自立是一个人认识到课程变革是自己的事，要有自己的立场、自己的创见，自持自守，不为外力所动，不随波逐流，进而"回到粗糙的地面"(维特根斯坦语)，自觉参与到课程变革中来。课程自立本质上是在课程自知、课程自在、课程自为以及课程自省的作用之下，依靠自己的自觉和力量对课程实践有所贡献，并在此过程中逐渐提升自己的课程能力和专业成熟度，确证自己的"课程人"地位，成为"自己的国王"。

当我们有了清晰的课程自知、透彻的课程自在、积极的课程自为、深刻的课程自省以及持守的课程自立的时候,我们便作为"有创见的主体"主动地介入到课程设计、实施、评价与管理的全过程之中了,学校课程深度变革便自然而然地发生了。

费孝通先生说:"文化自觉是一个艰巨的过程。"让课程意识从"睡眠状态""迷失状态"到"自觉状态",也是一个艰难而痛苦的过程。可喜的是,本套丛书的作者秉持课程自觉之精神,聚焦特色课程建设,在课程自知、课程自在、课程自为、课程自省和课程自立方面掘进,迎来了课程变革的新境界!

杨四耕

2020 年 7 月 3 日于上海市教育科学研究院

目录

第一章　课程是大自然的语言 / 001

儿童的天性是自由的，他们向往自然，向往大千世界。教育应顺应儿童天性，让儿童走进自然、探索自然，任他们在大自然中自由嬉戏。丰富户外环境资源，扩展自然资源，构建儿童自然探索课程，让儿童融入自然，获得自然的滋养，此时此刻，课程便是大自然的语言。

第四章

课程是大自然的发现 | 04|

"一日生活皆课程。"我们应寻找和发现自然中的无限资源,积累对儿童年龄特点、学习特点等的理解,以儿童需求为第一,在进行一定选择和取舍的基础上制定方案,敢于创新,能够进行适度的推翻和跨界。如此,儿童会用其独特的思维、行动、语言向我们展现:课程就是大自然的发现。

第五章

课程是大自然的分享 | 1|9

儿童心中有着一片与我们成人不同的世界。带着爱与欣赏打开"童心"窗户,倾听、观察、了解自然中的"童心世界",发现"每一位儿童"、理解"每一句话语"、支持"每一个行动",此时此刻,课程是大自然的分享,让我们感受儿童在大自然中成长的力量。

走进自然,聆听自然,感受自然,融入自然,大自然中的一花一叶皆世界、一草一木皆课程。探寻有趣的课程资源,创造性地利用和拓展儿童的学习空间,让儿童在充满生命力的自然环境中自由探索、自在成长。

自然是丰富的、灵动的,是儿童感知世界、认识世界、亲近世界的起点。让自然赋能儿童,实现儿童自我发展与可持续生长是自然探索课程管理的核心问题。此时此刻,课程是大自然的协同,我们保持和坚守正确的价值理念,明确目标,厘清认识,盘点资源,从儿童的核心经验开始,尊重和理解儿童的学习方式,持续引领儿童回归大自然、感悟大自然。

大自然：世界上最美的教室

世界上最美的教室，叫大自然。它没有围墙、屋顶，儿童可以在其中感受泥土的芬芳、花草的清香，在其中尽情撒欢、与自然共舞，充分释放生命潜能和创造精神。在这里，我们的课程打破空间的桎梏，赋能儿童，支持儿童实现自我发展与可持续生长。

上海市嘉定区红石路幼儿园创办于 2012 年 10 月，是一所环境优美、户外场域宽敞、自然资源丰富的公办一级一类幼儿园，现为"一园两部"格局。幼儿园坚持以"源于天性，成于自然"办园理念为引领，深入推进教育综合改革，取得了可喜的办学成绩，先后获得上海市一级幼儿园、上海市家庭教育示范校、嘉定区"教育先进单位"、嘉定区"文明单位"、嘉定区"教育综合改革砺新奖"、嘉定区"妇女之家"、嘉定区"巾帼文明岗"、嘉定区"红旗团组织"、嘉定区"优秀教研组"等荣誉。

《幼儿园教育指导纲要（试行）》中提出：充分利用自然环境和社区的教育资源，扩展幼儿生活和学习的空间。《3—6 岁儿童学习与发展指南》指出：支持幼儿在接触自然、生活事物和现象中积累有益的直接经验和感性认识。这些都充分强调要以儿童为本，让儿童走出课堂、融入大自然，通过直接体验获得更真实、更深刻的学习。

随着课程改革实践不断深入，教师教育理念、质量意识日益增强，教学行为不断更新。围绕《嘉定区教育综合改革方案（2015—2020 年）》战略目标，嘉定区推出学前教育综合改革四大项目，其中一项是品牌课程建设项目。该项目要求通过课程领域的深入研究，打造区域品牌，凸显统领特征，形成各园特色课程的辐射效应，促进区域学前教育内涵的可持续发展。

2016 年,我园将自然课程确定为园本特色课程,基于自然探索课程的本质,提出"自然孕育未来"课程理念,先后开展"教育活资源在主题课程中的开发与应用""主题背景下幼儿园户外探索型学习活动的实践研究"等课题研究,经过多年深入思考和实践探索,致力为儿童拓宽课堂之门,让儿童在真实、立体的自然环境中进行学习,获得真实、有益的活动体验。但两个课题研究更趋向于教育资源开发、活动设计与实施,对于活动之间的逻辑关系、资源运用整体性建构以及活动成效的实证等,还缺乏研究力度。因此,我园进一步完善课程实施方案,深入推进主题背景下幼儿园探索型学习活动实践研究,通过自然课程系统实施与推进,为儿童提供多元、开放的学习环境,拓展儿童的学习空间,促进儿童健康、全面发展。

2019 年,我园进一步提出"让儿童与自然共舞"自然探索课程理念。同年,区级课题"'大视野'课程理念下构建幼儿园探索型学习课程的实践研究"立项。9 月,课题组在教师层面对原有自然探索课程实施状况进行调研。我们以 42 位教师作为调查对象,其中 25 岁及以下 4 人,26—35 岁 32 人,35 岁以上 6 人,本科学历占比为 100%。现状调研采取问卷调查形式,设置单选题、多选题、填空题等,从教师对自然探索课程必要性的认识、目标认知、内容把握、价值认定、活动困惑和实践需求六个方面采集信息,共发放问卷 42 份,回收 42 份,回收率 100%。调研信息梳理如下。

第一,教师对自然探索课程必要性的认识。图 1 数据显示,98% 的教师对幼儿园开展自然探索课程是支持的,2% 的教师认为幼儿园开展自然探索课程是没有必要的,对其不支持。由此可见,教师对幼儿园开展自然探索课程总体是支持认可的。

第二,教师对自然探索课程的目标认知。图 2 数据显示,教师认为自然探索课程可以促进儿童的探究兴趣(92%)、观察能力(89%)、提问能力(82%)、思维能力(74%)、解决问题能力(48%)、语言表达能力(66%)。可见自然探索课程对儿童有促进作用,教师对此有较清晰的认知。

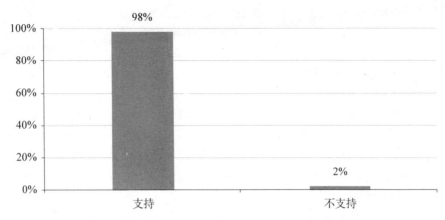

图1 教师对自然探索课程必要性的认识

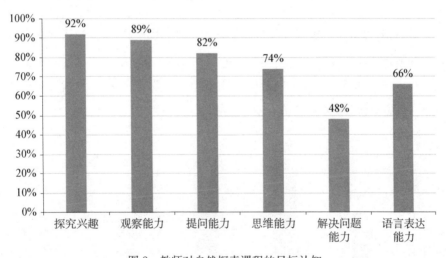

图2 教师对自然探索课程的目标认知

第三,教师对自然探索课程的内容把握。表1数据显示,教师认为幼儿园园内和园外资源非常丰富,园内的菜园、池塘、花园、草地、树林等,都可以成为儿童探索学习的课程内容。另外,教师认为园外资源也是自然探索课程内容之一,可以携手家长开展亲子探索活动。

表1　教师对自然探索课程的内容把握

园内	园外
1. 菜园开展蔬菜种植、采摘等活动。 2. 小池塘养殖水生动植物,开展捕捞、玩水等活动。 3. 饲养区饲养家禽家畜,观察比较动物特征、生活习性。 4. 小花园开展写生、种植花草、制作手环和花草书签等活动。 5. 小树林捡拾、观察比较不同树叶的特征,开展树叶实验,测量树木等。 6. 草丛中寻找昆虫,探索了解昆虫的秘密。 7. 观察不同季节花草树木的变化。 ……	利用嘉定周边地区百果园、惠和种业、陈家山公园、嘉北郊野公园、外冈百亩良田等资源开展亲子探索活动。

　　第四,教师对自然探索课程的价值认定。图3数据显示,教师认为在自然探索课程中教师的作用是观察了解儿童(56%)、支持儿童(100%)、确保儿童活动安全(98%)、解决儿童学习中的问题(74%)、设计学习课程内容(46%),可见教师对自身在自然探索课程中的价值有较确切的认定。

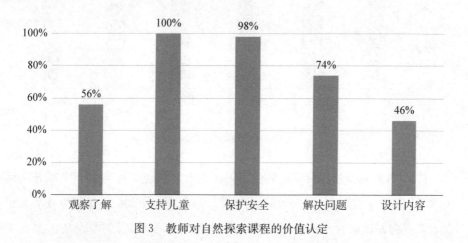

图3　教师对自然探索课程的价值认定

　　第五,教师对自然探索课程的活动困惑。表2数据显示,教师对幼儿园开展自然探索课程虽然支持,但对课程活动的组织实施还存在较多困惑。其中,67%的教师认为,设计自然探索活动有困难,对不同年龄段主题核心经验及对儿童认知水平还不能进行有效链接;95%的教师认为,户外开展自然探索活动有许多安全隐患,教师无法把控;88%的教师认为开展自然探索活动时材料多,整理收纳具有很大挑战;80%的教师认为,户外探索时由于内容分散,观察评价儿童具有一定困难。另外,户外资源、活动分享等方面,教师都迫切需要得到支持和帮助。

表2 教师对自然探索课程的活动困惑

自然探索课程困惑	百分比
内容设计与主题核心经验不能有效链接	67%
儿童跑来跑去,有安全隐患	95%
材料太多,整理收纳有挑战	88%
儿童学习太分散,观察评价儿童有困难	80%
户外资源少,内容设计有困难	48%
儿童经验有差异,分享有困难	24%
其他	19%

第六,教师开展自然探索课程的实践需求。图4数据显示,对于开展自然探索课程,教师有很多困惑和问题,需要园领导大力支持和帮助,希望能够提供教研助力、骨干引领、社团研究、专家指导、外出学习、改造环境等多种途径,促进教师专业素养的持续提升。

通过梳理和分析调研信息,我们得出如下结论。

1. 关于"大视野"理念下儿童自然探索课程的目标制定分析

图2数据显示,教师对自然探索课程的目标有较为清晰的认知。自然探索课程是在上海二期课改理念倡导下生成的一种新的课程结构模式,它强调以儿童为主体,在儿童感兴趣的活动中,引导儿童自主观察、主动探究、多渠道获取知识信

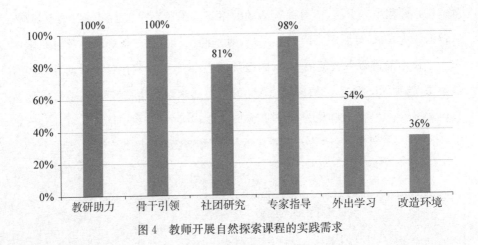

图 4 教师开展自然探索课程的实践需求

息,从而不断提高自主学习能力和创新意识。它也对教师习惯于单纯知识技能传授的方式提出严峻挑战,要求教师必须致力于克服学科课程封闭性,力求为儿童的现在与未来奠定发展基础,让儿童爱发现、好提问、乐探究、善表达、会创造,成为探索的主人。所以,如何做好自然探索课程的目标任务的顶层设计,是我们亟待解决的关键问题。

2. 关于"大视野"理念下儿童自然探索课程的环境保障分析

表 1 数据显示,我园已有比较丰富的户外环境资源,但资源分布呈散点式,资源开发尚处于基础阶段,要使其成为课程实施中举足轻重的可运用的资源,需要进一步规划和设计。要充分考虑环境与课程主题活动之间的关系、儿童学习需要与发展之间的关系,要基于各年龄段儿童的认知发展特点、学习特点和主题发展目标对儿童户外环境资源进一步开发与利用,构建能够支持儿童需求的探索型课程环境,努力使儿童在丰富的学习环境中感知、探索周围世界,提升建构知识和经验的能力,促进课程教学深度变革。

3. 关于"大视野"理念下儿童自然探索课程的内容选择分析

《幼儿探索性学习的教学组织策略》一文提出,要为儿童选择合适的探索内容,首先,内容要直观有趣,符合儿童认知特点;其次,内容要贴近儿童,源于儿童可以直接接触和感知的周围世界与生活；再次，学习内容应是儿童能理解的，能推动儿童发展的。[①] 表1数据显示，我园自然探索课程资源丰富多元，园内外户外环境资源有巨大的开发潜能。从园内资源现状调查看，目前有多个户外资源得到有效开发和利用；我们针对儿童不同年龄的特点，深入挖掘适合各年龄段儿童身心发展的自然探索资源，将其有机融入课程实践探索。

4. 关于"大视野"理念下儿童自然探索课程的实施策略分析

表2数据显示，教师对自然探索课程的困惑主要表现在活动组织和实施方面，包括：活动设计困难；对不同年龄段主题核心经验及对儿童认知发展水平了解不足，把握不到位，缺乏主题内容与儿童认知水平、生活经验之间的联系思考；对资源盘活利用有效性的思考认识不够；组织策略和活动分享实施底气不足。基于上述调查，缘于对自然探索课程有效实施的问题思考，我园依据各年龄段儿童年龄特点、主题发展目标，对活动组织实施策略进行深入研究，让儿童的学习潜能得到发掘，学习品质得到提升。

5. 关于"大视野"理念下儿童自然探索课程的支架提供分析

从表2数据可看出，户外探索让儿童在活动中产生种种不确定性和未知感，为教师组织活动带来一定困扰。意大利著名教育家蒙台梭利曾指出："作为一名教育工作者，应该有一双敏锐的眼睛。"[②]教师只有对儿童行为进行充分观察，观察儿童需要什么，才能避免教育盲目性，才能适宜而有效地开展教育，促进儿童学习和成长。因此，观察、了解儿童，从不同角度走近儿童，探讨儿童可见行为之下不可见的心理变化，需要我们多方互动，为儿童当下成长提供适宜支架。我们结合图4所示的教师需求，通过教研助力、社团研究、骨干引领、专家指导等方法，提升教师专业领导力，从而促进每个儿童健康、全面发展。

我们深切体会到：世界上最美的教室，叫大自然。它没有围墙、屋顶，儿童可以在大自然中感受泥土的芬芳、花草的清香，在大自然中尽情撒欢、与自然共舞，

---

① 庄婉瑜.幼儿探索性学习的教学组织策略［J］.学前教育研究,2010(11):67.
② 王彦.幼儿适宜性生成课程建设初探——以某县某城区幼儿园为例［J］.天津教育,2021(3):65.

充分释放生命潜能和创造精神。在这里,我们的课程打破空间的桎梏,赋能儿童,支持儿童实现自我发展与可持续生长。

结合幼儿园自然探索课程实施现状的调研,本书分为七章。第一章"课程是大自然的语言",充分诠释幼儿园办园理念、课程理念、课程内涵,科学准确地拟定儿童自然探索课程研究发展的定位;第二章"课程是大自然的创想",制定各年龄段课程目标,为课程实施指明发展方向;第三章"课程是大自然的细节",立足儿童发展,对课程内容进行架构、分类、设置;第四章"课程是大自然的发现",打通家庭与幼儿园之间的"围墙",打通幼儿园与自然的"围墙",打破教师思考的"围墙",与自然联结,以不同主题实施园本化、个性化的活动,力求体现针对性、操作性及可实现性;第五章"课程是大自然的分享",尝试将儿童发展评价、教师课程实施评价、园本课程评价建立联系,实现评价的园本化实施,动态化、个性化支持儿童成长;第六章"课程是大自然的空间",打破空间的桎梏,从课程空间整体布局和细节考量,围绕"七园一林 N 基地"的设计和运用,增强儿童的获得感、体验感;第七章"课程是大自然的协同",从课程价值、组织建设、课程保障、课程研修四个层面,阐述课程管理中的变革。

本书梳理我园教师在儿童自然探索课程实践与研究过程中的相关方法和经验,并辅以丰富多元的典型案例和经验总结。衷心期待我们的实践研究成果能够得到教育同行的认可,并能够为大家提供适切的借鉴和帮助。

第一章

课程是大自然的语言

　　儿童的天性是自由的,他们向往自然,向往大千世界。教育应顺应儿童天性,让儿童走进自然、探索自然,任他们在大自然中自由嬉戏。丰富户外环境资源,扩展自然资源,构建儿童自然探索课程,让儿童融入自然,获得自然的滋养,此时此刻,课程便是大自然的语言。

陈鹤琴先生指出:"大自然是我们最好的教师。大自然充满了活教材,……我们要张开眼睛去仔细看看,要伸出两手去缜密地研究。"①《3—6岁儿童学习与发展指南》围绕"科学探究"提出了3个目标:亲近自然,喜欢探究;具有初步的探究能力;在探究中认识周围事物和现象。

围绕教育综合改革的战略目标,2019年我园依据"源于天性,成于自然"办园理念的内涵特征,更新"走进自然,快乐体验"课程理念。该理念的内涵特征为:以灵活多样的方式,让儿童走进大自然,融入大自然,充分释放纯真童心,感受生活真善美;以实践体验的方式,支持儿童开展多样化活动,获得各种直接而有益的经验,促进儿童的综合素养持续提升。

在此基础上,基于园所丰富的户外环境资源,我园提出"让儿童与自然共舞"自然探索课程理念。其内涵特征:一是让儿童热爱自然,释放天性,积极探索,享受快乐,促进身心发展;二是让儿童与自然充分互动,激发学习智慧,丰富学习经历,习得知识经验;三是尊重生命本质,让儿童感悟人与自然、人与他人、人与社会的和谐关系。

为明晰幼儿园发展指向,厘清办园理念、课程理念、自然探索课程理念三者之间的逻辑关系,我园围绕教育本质,集中强调:儿童是自然之子,有着本真自然属性;教育必须顺应儿童的自然天性,倾听儿童的内心自然,遵循儿童的自然规律,让儿童在自然、和谐、平等的环境中成长,让教育归依儿童、回归自然!

---

① 陈鹤琴. 陈鹤琴教育思想读本·活教育[M]. 南京:南京师范大学出版社,2012:23.

▌第一节▐
让儿童自然成长

近年来,自然教育在我国受到广泛关注,自然教育实践在各校园中蓬勃发展,形成了具有中国特色和时代特点的全新样态。但是,对自然教育的学术研究仍十分缺乏,其理论方法体系的模糊和不完善也对推动自然教育实践造成了一定方法、规范上的制约。我园结合课程特点,对自然教育进行了剖析,为推动自然探索课程的发展提供指引。

一、自然教育的内涵

我园教育哲学定位是"自然教育"。何谓"自然教育"? 首先得明确何谓"自然"。自然教育中的"自然"是广义的,一方面指朴素的、没有掺杂过多复杂社会影响的场所;另一方面指一种内部"自然",即"自然而然",遵循自然规律。"自然"是一个动态的过程,贯穿道、物、人并融成一体。

从"道"的角度来说,"自然"指已经存在的物质本体,其有着自身发展规律且循环往复地运动着,不受外界事物干扰。

从"物"的角度来说,人是归属于物的,在此种意义上,自然不仅仅是指自然物的运动,也是人运动发展的一种状态。教育界对"自然"有三种释义:自然界万物;人性中的原始倾向和天生能力;人身心发展的内在规律。

从"人"的角度来说,在教育史上,从古代中国的"道法自然",到近代西方卢梭的"自然人"教育,都是由"外部自然"出发表达对"人的内部自然"教育的思考。

自然教育的定义可以概括为:以自然环境为基础,以推动人与自然和谐共生为核心,以参与体验为主要方式,引导人们认知和欣赏自然、理解和认同自然、尊重并保护自然,最终实现人的自我发展以及人与自然和谐共生目的的教育。

自然教育理念主要蕴藏着两种含义：一方面是教育应顺应人的自然本性，即"内部自然"，"关注儿童的需求和兴趣，通过不断地支持儿童发现问题、解决问题，从而促使儿童自主学习、自主发展"；另一方面是教育应遵循自然界的"秩序"，即"外部自然"，要符合万物发展的规律。①

"身体与环境的互动造就了心智和认知"。② 这为自然教育提供了强有力的理论依据。因此，自然教育的核心就是顺应人的自然天性。在卢梭看来，教育的原则当遵从人的自然天性，教育过程当与人的天性保持一致。③ 因此，教育应与儿童天性相匹配，按照儿童的自然发展规律和顺序进行教育，即顺应天性，尊重儿童的成长规律，让儿童自然成长，让教育回归自然。自然教育是建立人与自然的联结、实现生态文明的重要路径。

二、自然教育的特征

自然教育具有以下特征。

一是注重自然体验，即自然教育不是坐而论道，不是课堂搬家，一定要走到户外，走进自然，亲自体验，亲身感受。

二是强调向自然学习，汲取自然智慧，教育方式是引导、启发、生成性的，不是灌输、设计、替代性的。

三是开展自然教育旨在改善人与自然的关系，激发尊重自然并保护自然的价值理念和行为方式。

---

① 杨洋.教育的回归：具身认知视域下的儿童自然教育[J].襄阳职业技术学院学报，2021，20(5)：70.
② 杨金帆，袁书宁，范改芳.从理论心理学的视角探究认知与身体的关系[J].学园，2015(14)：27.
③ 刘锁霞.试论《爱弥儿》的教育思想及其现实意义[J].科教文汇，2022(15)：25—26.

三、自然教育的演变

自然教育思想由来已久。在西方教育思想史上,自然教育理念可以追溯到古希腊时期。1972 年,"联合国人类环境会议"通过了《联合国人类环境会议宣言》,其中提及对年轻一代进行环境问题的教育。1975 年发布的《贝尔格莱德宪章》对各国的环境教育都产生了深远影响,其提出:"应在正规教育及非正规教育中开展环境教育,环境教育应是所有人的普及教育"[1]。环境教育是一个宽泛的概念,只要是以保护环境为基准的教育活动都能以此称之,是各种生态保护教育形式的统称,包含了各种类型的保护环境、爱护生态的方式和途径。自然教育则是一种注重在大自然条件下自发地形成与自然的联结,从而自主地热爱自然、保护生态的环境教育类型。自然教育是对环境教育在教育方式上由被动变为主动的提升形式,旨在让受教育者到自然的大环境中去主动认识、感知、联结自然。

2005 年,美国作家理查德·洛夫首次提出"自然缺失症"(nature-deficit disorder),进一步唤醒了大众对自然教育的认知。相关研究表明,自然缺失症的主要诱因是人与自然的疏离,人们缺少对自然环境的真实体验,与自然的联结也在逐渐减弱。因此,自然教育研究的重要性和紧迫性逐渐凸显。[2]

近年来,自然教育在中国受到广泛关注,自然教育实践在各地蓬勃发展,形成了具有中国特色和时代特点的全新业态。自然教育未来势必会发展成为一个涉及教育、心理、健康、艺术、环境保护、生物多样性等的跨行业的新兴交叉学科。

基于上述自然教育理论,我园从激发儿童的兴趣、顺应儿童好奇的天性入手,结合《幼儿园教育指导纲要》《3—6 岁儿童学习与发展指南》的精神,注重理论联系实际,通过深入、持续的实践探索,努力构建有助于提升儿童综合素养的自然探索课程体系,促进儿童全面、和谐发展。

---

[1] 梁艳. 自然教育理念下的森林研学特色校本课程开发研究[J]. 教育观察,2021,10(15):1.
[2] 邵凡,唐晓岚. 国内外自然教育研究进展[J]. 广东园林,2021,43(3):8.

第二节
让儿童与自然共舞

由于学业压力沉重和电子产品泛滥,儿童与自然渐行渐远,回归自然是幼儿园教育的应然选择,它在教育价值取向上是保持教育的本真和捍卫生命的自由。

自然教育致力于实现儿童与自然的重逢,重新建立儿童与自然的联结,助力儿童健康发展。儿童在童年期对于自然教育具有强烈的参与意愿,期望通过参与自然教育去亲近自然和认识自然,伴随参与次数的增加,儿童对自然教育的感知更加敏锐和明晰,体验感和获得感增强。同时,受生理和心理发展的主观因素制约,不同年龄阶段的儿童在参与动机和活动参与偏好两个层面有所分化,因此需要从不同路径导向积极的结果。对于儿童而言,参与自然教育不仅是传播和享受绿色生态福祉,更是对自然的感知、回归和回应,从而通过自然教育实现与自然之间的和谐相处。[①]

基于自然教育视角建设园本课程,就要以审慎的态度重启儿童的自然生命,呵护儿童成长的内在秩序,保护儿童生命的纯真和自然。我园依据教育哲学和办园理念的核心内涵,深入践行自然探索课程理念,凸显"让儿童与自然共舞"的发展特征,充分体现我园课程改革指向与丰富的思想内涵。

一、着眼每个儿童的未来发展

我园坚持"每个儿童都是有能力的探索者"的自然探索课程儿童观,指导教师着眼儿童的未来发展,践行自然教育理论,积淀人文素养;充分顺应儿童天性,让儿童走向大自然、大社会,在遵循儿童自然成长规律的基础上开展各类教育活动。

[①] 杨文静,石玲.儿童感知视角下的自然教育体验[J].中国城市林业,2020,18(6):77.

儿童自然教育的核心是课程,自然教育课程应有目标、有递进、有总结、有反思,能够引导儿童主动思考问题,并遵循 4H 教育原则,从"大脑开发"(Head)、"心灵修养"(Heart)、"动手能力"(Hand)、"健康成长"(Health)四个方面促进儿童全面发展,而不仅仅是学习知识。[①]

二、强调融于自然的价值取向

自然教育又称"自然体验""自然鉴赏"或"自然学习"。我园坚持"顺应天性,遵循规律,尊重差异"的自然探索课程教育观,明确自然探索课程价值取向为"融于自然",即立足生活、运动、游戏、学习板块,以自然教育理论为引领,让儿童融入丰富的自然、社会、生活情景之中,与自然融为一体,习得知识和经验。

在自然环境中,儿童会进行更多的幻想游戏,而且相对于对体力的依赖,儿童的社会角色会变得更依赖语言技巧、创新能力和发明能力。[②]

自然教育,应充分关注儿童的兴趣和需要,从自然和生活中挖掘有力的教育资源,让儿童在与环境互动的过程中自由、自主地探究,不断地发现问题、解决问题,从而更好地适应社会生活。自然教育不仅应顺应儿童的自然发展,还应帮助儿童更好地回归自然和社会;自然教育的要素是身体和现场的交互作用;自然教育的内容是"知"与"行"的和谐统一;自然教育的实施是一个连续性的"建构"过程。

与自然和谐也是人类生存发展所必须遵循的根本法则,人类社会越发展,越是要正确认识和对待自然,处理好人与自然的关系。自然教育是人们认识自然、了解自然、理解自然的有效方式,也是推动全社会形成尊重自然、顺应自然、保护

---

① 王紫晔,石玲.关于国内自然教育研究评述——基于 Bibexcel 计量软件的统计分析[J].林业经济,2020,42(12):89.
② 罗晓红.自然教育视角下的园本课程建设[J].学前教育研究,2018(5):71.

自然的价值观和行为方式的有效途径。①

三、注重自然探索的课程体验

我园坚持"走向自然,快乐体验"的自然探索课程观,以"快乐共舞"为实践特征,倡导儿童与丰富多元、自主开放的自然资源进行有效互动;使儿童通过多种感官,积极探索,尽情体验,自主探索,大胆表现,丰富学习经历与知识经验,促使儿童在探索和体验活动中获得自主发展。

只有注重内容的多样性,全面考虑认知、情感和行为,才能充分发挥儿童的主观能动性,帮助其形成尊重、爱护、保护自然的意识。不仅要注重静态的、被动的自然课堂和自然解说,还要兼顾动态的、趣味性的自然观察、自然体验和自然探险,避免形式单一。②

基于自然教育理念的园本课程建设,首先要注重自然环境中的野趣与挑战,充分利用各种自然资源来创设自然教育环境。幼儿园在设置草坡、沙池、树丛等环境的基础上,可以设置攀爬器械、树屋等设施,并提供铲子、小水桶、管道等材料,为儿童的自主探索提供环境和物质基础。其次,要促进儿童在自然环境中的探索与操作。在将室内环境拓展到户外自然环境的同时,应进一步为儿童的自主探索创造条件。室内区域环境投放以自然材料为主的低结构材料来激发儿童的创作,并在班级创设相应的自然活动区域,以此来支持儿童更好地进行自然探究。③

综上所述,我园立足儿童的未来发展,基于自然教育理念,进一步明晰自然探索课程的价值取向,聚焦课程实施主体,充分凸显自然探索课程的发展特征,关注儿童自然、自主成长,促进儿童综合素养持续提升。

践行理念,不断创新,真正实现"让儿童与自然共舞"!

---

① 林昆仑,雍怡. 自然教育的起源、概念与实践[J]. 世界林业研究,2022,35(2):8.
② 邵凡,唐晓岚. 国内外自然教育研究进展[J]. 广东园林,2021,43(3):13—14.
③ 罗晓红. 自然教育视角下的园本课程建设[J]. 学前教育研究,2018(5):71.

第二章

课程是大自然的创想

　　自然探索课程让儿童在自然中充分活动,释放天性;让儿童通过多种感官方式,细致观察、敏锐发现、主动探究;让儿童大胆表达、积极创想,感悟大自然的神奇。此时此刻,课程带给儿童的不仅仅是丰富的体验,更是对美好的向往。

　　陈鹤琴先生曾指出,我国幼儿园存在"与环境接触太少,在游戏室的时间太多"的问题。他认为,儿童的知识和经验是在与自然和环境充分接触中积累起来的。自然是儿童生活、游戏的重要场域,也是探究内容的源泉。在课程实践过程中,教师要对儿童的兴趣和需求进行价值判断,新生成的活动往往来源于儿童的真实生活,来源于儿童的学习需求,同时又回归于儿童的学习过程。[①] 因此,我们"用儿童的眼睛去观察,用儿童的耳朵去倾听,用儿童的大脑去思考,用儿童的兴趣去探寻"[②],从而持续提升儿童积极探究、主动学习的品质和能力。

[①] 赵旭莹. 自然探究课程促进幼儿自主成长[N]. 中国教育报,2019-04-28.
[②] 刘青松. 如何成为一名好老师? ——访著名教育专家李镇西[J]. 基础教育课程,2018(19):78.

| 第一节 |
让儿童在自然中释放天性

课程目标是幼儿园课程的核心追求,其决定幼儿园课程的内容、实施策略和评价方式。任何阶段的教育都不可避免地要回答"培养什么人"的问题,幼儿园课程设计亦是如此。

自然探索课程带给儿童的不仅仅是丰富的知识和经验,更是对生活的热爱、对生命的尊重和对美好未来的向往。依据《3—6岁儿童学习与发展指南》,我园将共同性课程与园本特色课程活动有机融合,以"让儿童与自然共舞"自然探索课程理念为引领,立足园本实际,确立自然探索课程总目标。

一、自然探索课程的目标指向

目标特征指向三个层面:一是认知目标,通过丰富的自然实践探索,让儿童懂得基本的科学概念,了解自然事物的特征,丰富认知经验;二是情感目标,让儿童融入自然,培育喜探究、善发问、乐分享的科学情感;三是技能目标,倡导儿童自主探索自然界的各种现象,学会观察、比较、推测、实验、沟通、合作等基本技能。

二、自然探索课程的总体目标

自然探索课程的总体目标是让儿童在自然中释放天性。具体来说,自然探索课程的总体目标涉及四个关键词:亲自然,乐探究,善表达,会创造。

亲自然:让儿童在自然环境中充分活动,释放天性,勇于挑战;了解人与自然的关系,产生感恩自然、爱护自然的情感。

乐探究:让儿童通过多种感官方式,探索各类自然事物,逐渐形成细致观察、敏锐发现、好奇好问、主动探究的基本能力。

善表达：让儿童乐于用独特的方式主动发现、大胆表达、提出问题、分享交流、习得能力、展现自我。

会创造：让儿童学会欣赏、感悟自然的神奇，运用自然资源及功能材料，通过多元方式进行积极创想和自主建构。

以此为基础，我们立足园本实际，通过共同性课程与特色性课程的有机融合，确立自然探索课程内容，致力让儿童与自然共舞，指引儿童探索前行。

| 第二节 |
丰富对自然的敏感与体验

　　幼儿园课程目标是课程设计的先导,各年龄段目标是对课程总目标的细化。各年龄段目标的科学拟定和有效实施,能够保障课程总目标如期实现,推动幼儿园课程精细化实施。

　　我园立足三个年龄段儿童的成长规律和特点,制定自然探索课程各年龄段目标,力求体现适切性、可操作性、可实现性等发展特征。(见表2-2-1)

表2-2-1　各年龄段课程目标表

培养目标	小班目标	中班目标	大班目标
亲自然	1. 喜欢接触大自然,对周围的很多事物和现象感兴趣。	1. 喜欢自然,乐于接触自然事物,对自然世界有好奇心。	1. 了解人们的生活与自然环境的密切关系,知道尊重和珍惜生命,学习保护环境。
	2. 乐意认识常见的动植物,发现周围的动植物是多种多样的。	2. 感知和发现动植物的生长变化。	2. 察觉动植物的外形特征、习性与生存环境的适应关系。
	3. 感知和体验天气对自己生活和活动的影响。	3. 感知和发现不同季节的特点,体验季节对动植物和人的影响。	3. 感知四季变化之美,了解四季变化的顺序与规律。
	4. 愿意在自然中参加活动,有初步适应环境的能力。	4. 乐于在自然中活动,能在较热或较冷的户外环境中连续活动。	4. 乐于在自然中活动,勇于挑战,适应天气与季节的变化。

培养目标	小班目标	中班目标	大班目标
乐探究	1. 对感兴趣的事物仔细观察,发现其明显特征。	1. 喜欢动手动脑探索物体和材料,并乐在其中。	1. 积极提出问题,愿意动手动脑寻找问题的答案。
	2. 用多种感官去探索,尝试使用不同的探索工具。	2. 尝试对事物或现象进行观察比较,发现其相同与不同。	2. 乐于与同伴合作探究,学习制定简单的探究计划。
	3. 尝试用拍照、录音等方式进行简单的记录。	3. 尝试运用观察、阅读、猜测、实验等方式进行探究。	3. 主动运用不同的工具,根据兴趣与热点进行探究。
	4. 愿意表达自己的需要和想法,必要时能配以手势动作。	4. 有兴趣表达自己的所见所闻,讲述比较清楚完整。	4. 探究中有思考,尝试进行简单的推理和分析,发现事物间的明显关联。
善表达	1. 经常问各种问题,乐于表达自己的发现。	1. 尝试用简单的记录、录音、拍照等方式表达自己的发现与问题。	1. 愿意与他人讨论问题,分享自己的观察、探索发现。
	2. 喜欢观看花草树木、日月星辰等大自然中的美好事物,被自然界中的各种声音所吸引。	2. 欣赏感受自然之美,关注其色彩、形态等特征。	2. 愿意用多种方式记录自己的自然探究心得,有探究过程。
会创造	1. 乐于用动作、声音等表现自然中的美好事物。	1. 乐意用声音、动作、姿态来模拟自然界的事物和生活情景。	1. 乐于模仿自然界和生活环境中有特点的声音,并产生相应的联想。

培养目标	小班目标	中班目标	大班目标
	2. 善于用自然材料进行组合、创造、想象。	2. 喜欢用涂涂画画、拼拼贴贴自然材料来表达对自然的喜欢与想象。	2. 乐于搜集自然中的物品并向别人介绍所发现的美的事物。 3. 用多种工具、材料或不同的表现手法表达自己的感受与想法，用自己的作品布置、美化环境与生活。

　　自然探索课程各年龄段目标的核心在于提升儿童对自然的敏感，生发其持续学习的兴趣、动力和能力，让自然赋能儿童，实现儿童的自我发展与可持续生长。

第三章

课程是大自然的细节

　　儿童具有热爱自然、亲近自然的天赋。在自然探索课程的内容选择方面,教师应力求丰富多元,如自然景象的观察欣赏、植物的种植看护、瓜果的采摘收获、小动物的饲养照料、自然故事的创编表演、自然物的模拟创想……此时此刻,课程就是大自然的细节。

儿童自然探索课程的内容选择是课程设计与实施的关键环节。因此,在儿童自然探索课程的内容选择上,我们以促进儿童自主发展、个性发展为宗旨,充分考虑儿童的学习兴趣和好奇心,关注儿童的"最近发展区",引导其在活动实践中主动探索,从而获得知识和经验,使课程内容的实施助推儿童身心健康发展。

基于儿童自然探索课程内容的确立原则,我们大力拓展课程内容的实施范围,涵盖语言、社会、科学、艺术、健康等多个领域,并涉及节日教育和劳动实践。课程内容的实践、演绎的形式力求丰富多元,如动植物的照料呵护、自然故事的创编表演、自然景象的观察欣赏等,让儿童释放天性,走进自然,融入自然,感受自然美,萌发创造意识。

Ⅰ 第一节 Ⅰ
立足儿童发展的课程内容架构

《3—6岁儿童学习与发展指南》在"说明"中强调:实施《指南》应关注幼儿学习与发展的整体性,尊重幼儿发展的个性差异,理解幼儿的学习方式和特点。《上海市学前教育课程指南(试行稿)》中提出,"构建以整合、开放为特点的课程内容"。课程的园本化实施,既要确保为儿童提供其终身发展所需的基本经验和机会,也要适应个体儿童的特殊需要。因此,我园以四类活动为载体,积极探索课程园本化、个性化的实施途径和策略。

一、以课程为基础,让儿童在自然中呼吸

《上海市学前教育课程指南(试行稿)》指出:幼儿园课程内容主要指向幼儿直接接触到的经验范围,从幼儿直接接触的经验领域出发,将课程内容分为共同生活、探索世界、表达与表现三个维度,以一日活动的形式组织实施,可分为生活活动、运动、学习活动、游戏活动四类。

我园儿童自然探索课程是共同性课程的园本化实施,在本质上依从共同性课程的理念目标、课程内容等的基础上,聚焦并拓展"让儿童与自然共舞"自然探索课程理念,从活动类型、实施方式等方面给予指引,突出自然资源的运用与儿童在真实环境中立体的活动、真实的体验与探索。(见图3-1-1)

由图可见,我园自然探索课程体系结合教育的本质要求和立德树人这一根本任务,立足"让儿童与自然共舞"自然探索课程理念,思考儿童与自我、儿童与他人、儿童与自然的关系,综合四类活动,形成自然育人的课程架构。

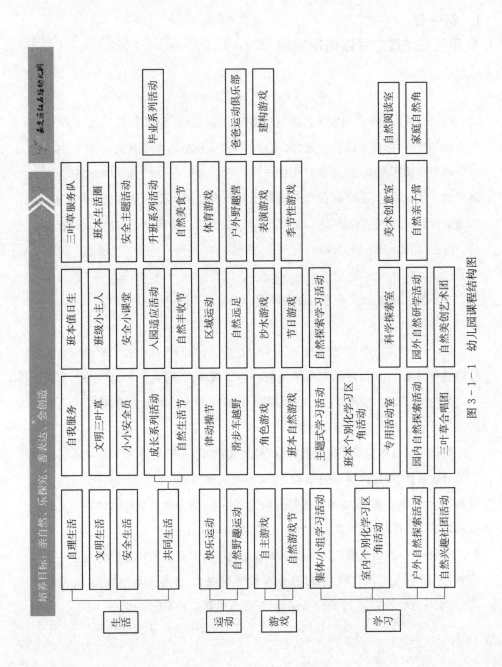

培养目标: 亲自然、乐探究、善表达、会创造

图 3 - 1 - 1　幼儿园课程结构图

二、以活动为载体，让儿童在自然中体悟

《幼儿园保育教育质量评估指标》二级指标"科学理念"强调："充分尊重和保护幼儿的好奇心和探究兴趣，相信每一个幼儿都是积极主动、有能力的学习者，最大限度地支持和满足幼儿通过直接感知、实际操作和亲身体验获取经验的需要。"《上海市幼儿园办园质量评价指南（试行稿）》领域二"保教管理"的"子领域1：课程与方案"水平5指出："1.2课程设置与活动内容能保证幼儿多样化的实践活动经历，丰富幼儿的体验与经验。1.3课程具有园本特色，在实施过程中有改进与完善机制。"我园结合园本自然探索课程特色，以四类活动为载体，进一步细化课程内容，促进儿童全面和谐发展。（见表3-1-1）

表3-1-1　课程内容园本实施细化表

课程类型	园本化实施	内容	价值
生活	自理生活	自我服务	让儿童积累基本的生活自理能力，养成自我服务的好习惯，体验自我服务的乐趣，感受成长的快乐。
		班本值日生	让儿童参加力所能及的劳动，体验为他人服务的乐趣，树立劳动光荣意识与做事责任感。
		三叶草服务队	
	文明生活	文明三叶草	让儿童学习文明的言行举止，感受和体验礼貌用语、文明行为在生活交往中所起的作用。
		班级小主人	让儿童了解和遵守集体规则，体验遵守规则的重要性，关注和尊重自发生成的规则。
		班本生活圈	让儿童养成个人卫生好习惯，感受清洁带来的舒适，满足自身对清洁的需要，并懂得爱护公共环境的整洁。

续表

课程类型	园本化实施	内容		价值
	安全生活	小小安全员		让儿童初步了解和积累爱护身体的基本常识,有观察寻找身边安全隐患的意识,积累保护身体的方法,体验身体健康的快乐。
		安全小课堂		让儿童知道哪些是危险的事情并懂得要远离它,积累避开危险的方法,增强自我保护意识及能力,感受安全生活的快乐。
		安全主题活动		
	共同生活	成长系列活动	入园适应活动	让儿童喜欢并适应群体生活,愿意与人交往,对幼儿园、老师、同伴产生亲近之情,积累表达需求和情感的方法,体验共同生活的快乐。
			升班系列活动	
			毕业系列活动	
		自然生活节	自然丰收节	结合季节、节气中的植物生长变化,借助一日生活开展节日体验活动,让儿童亲近自然,感受大自然带来的馈赠。
			自然美食节	
运动	快乐运动	律动操节		运用丰富的户外环境开展野趣运动,让儿童在快乐自主的运动中增强体质,获得各种运动经验,培养对运动的兴趣,培养大胆参与、勇敢挑战、独立自主、团结协作的能力和品质,提升综合运动能力。
		区域运动		
		体育游戏		
	自然野趣运动	滑步车越野		以周边区域自然环境为资源开展野趣运动:以幼儿园为主阵地开展"滑步车越野"活动;运用菊园自然资源(北水湾体育公园、菊园环城河步道、菊园百果园)开展"自然远足"活动;与机构合作开展"户外野趣营"活动;邀请有运动特长的爸爸开展"爸爸运动俱乐部"活动,凸显自然运动的趣味与挑战。
		自然远足		
		户外野趣营		
		爸爸运动俱乐部		

续表

课程类型	园本化实施	内容		价值
游戏	自主游戏	角色游戏		开展儿童自发、自主地与空间、材料、玩伴相互作用的具有象征性、创造性、社会性的活动,旨在推动儿童的社会性交往、空间方位知觉、创造想象、观察探索等多元经验的发展,提升其社会认知水平,激发其积极的情绪情感。
		沙水游戏		
		表演游戏		
		建构游戏		
	自然游戏节	班本自然游戏		在户外自然环境中开展游戏活动,如自然涂鸦、玩落叶、放风筝、捉迷藏、打野仗、吹泡泡、打水仗等,体现自然游戏之趣。
		节日游戏		
		季节性游戏		
学习	集体/小组学习活动	主题式学习活动		在主题背景下开展学习活动,将非主题的学习活动作为补充,注重培养儿童的发现与探索、表达与表现的能力,注重师幼互动、生生互动,促进主题经验的分享以及新经验的讨论。
		自然探索学习活动		立足儿童自然探索活动中的共性问题和经验积累,生成、设计集体/小组学习活动,推动儿童自然探索经验的分享以及新经验的讨论。
	室内个别化学习区角活动	班本个别化学习区角活动		让儿童探索主题活动中的热点问题,在主题背景下自主地表达表现,并在与材料互动中发现、解决一些问题,获得多元经验、学习品质、学习能力的发展。
		专用活动室	科学探索室	以科学探索室为载体,让儿童通过观察体验、动手操作、发现探索来培养问题意识、探究兴趣。
			美术创意室	以艺术表现为载体,以主题或热点为内容展开多样的艺术创造与分享活动。
			自然阅读室	开展班本自然阅读活动,让儿童通过书籍阅读、电子阅读、自然阅读,了解自然世界的秘密,学会探究问题,感受自然世界的神奇。

续表

课程类型	园本化实施	内容	价值
户外自然探索活动		园内自然探索活动	以园内大自然为学习场域,以儿童主题学习及儿童生成内容为主,在户外开展个别化学习,是对室内个别化学习的补充与拓展。包括了自然的艺术表现、探索发现等内容。
		园外自然研学活动	以园外的自然资源为载体,根据班本探究兴趣、主题发展、季节特点等开展自然研学活动,让儿童在自然空间中获得真实、立体的学习体验。
		自然亲子营	根据主题核心经验,以家庭为单位开展亲子探索型活动,促进家园共育,促进儿童多元学习经验的获得。
		家庭自然角	以家庭为单位,根据儿童自然探索的兴趣、需要,利用家庭阳台等开展亲子种植或饲养活动,让儿童在对动植物的观察照料中,积累真实、立体的学习体验。
	自然兴趣社团活动	三叶草合唱团	结合幼儿园的自然特色,与机构合作开展儿童合唱、自然创意活动等,让儿童经历多样的艺术创造与分享活动,体验多元的表达表现方式。
		自然美创艺术团	

以四类活动为载体,以自然为教室,让课程给予儿童足够的时间和空间,让儿童回归自然。我园利用园内外自然资源,让儿童与大自然亲密接触,感受阳光雨露,感受泥土的芬芳,感受生命的意义,使儿童在与自然节律的吻合中,感知、认识自然。

三、以时间为保障,让儿童在自然中生长

自然探索课程打通教室与自然之间的"围墙",在课程设置与安排中,遵循不

同年龄段儿童的生命节奏和规律,打破时空束缚,在与自然的联结中,让每一个儿童亲身体验、动手操作、行动探究……让每一个儿童成为自然状态下独特且幸福的个体。

依据统整后的课程架构框架,我们将特色活动与基础课程置于同一纬度,关注自然探索课程实施时间在一日活动总时间中占比的适宜性,保障日、周、月乃至学期的平衡;部分活动由于开展次数较少,其分配时间在同大类中进行调整。同时,赋能教师组织实施的弹性空间,支持儿童多元经验的积累,让儿童在自然中生长。(见表3-1-2、3-1-3、3-1-4)

表3-1-2 幼儿园课程与活动时间比例(小班)

活动类型	一日活动中所占时间分配(480分钟)		
	内容	配比	一日占比
生活	"自理生活"板块、"文明生活"板块、"安全生活"板块、"共同生活"板块(部分)	270分钟	一日270分钟 56.2%
	■自然生活节	每学期一次(60分钟)	
运动	律动操节	10分钟	一日70分钟 14.6%
	区域运动	30分钟	
	体育游戏	30分钟	
	■自然远足	每学期一次(40分钟)	
	■爸爸运动俱乐部	每月一次(30分钟)	
游戏	角色游戏	90分钟	一日90分钟 18.8%
	沙水游戏		
	表演游戏		
	建构游戏		
	■"自然游戏节"板块	每学期一次(60分钟)	
学习	"集体/小组学习活动"板块	20分钟	一日50分钟 10.4%

续表

活动类型	一日活动中所占时间分配（480 分钟）		
	内容	配比	一日占比
	"室内个别化学习区角活动"板块、园内自然探索活动	30 分钟	
	■园外自然研学活动	每学期一次（30 分钟）	
	■自然亲子营	每学期一至两次（每次 30 分钟）	

表 3-1-3　幼儿园课程与活动时间比例（中班）

活动类型	一日活动中所占时间分配（480 分钟）		
	内容	配比	一日占比
生活	"自理生活"板块、"文明生活"板块、"安全生活"板块、"共同生活"板块（部分）	260 分钟	一日 260 分钟　54.1%
	■自然生活节	每学期一次（60 分钟）	
运动	律动操节	10 分钟	一日 80 分钟　16.7%
	区域运动	40 分钟	
	体育游戏	30 分钟	
	■滑步车越野	每学期两周课程（720 分钟）	
	■自然远足	每学期一次（60 分钟）	
	■户外野趣营	每学期两次（60 分钟）	
	■爸爸运动俱乐部	每月一次（30 分钟）	
游戏	角色游戏	80 分钟	一日 80 分钟　16.7%
	沙水游戏		
	表演游戏		
	建构游戏		

活动类型	一日活动中所占时间分配(480 分钟)		
	内容	配比	一日占比
	■"自然游戏节"板块	每学期一次(60 分钟)	
学习	"集体/小组学习活动"板块	25 分钟	一日 60 分钟 12.5%
	"室内个别化学习区角活动"板块、园内自然探索活动	35 分钟	
	■园外自然研学活动	每学期一次(60 分钟)	
	■自然亲子营	每学期一至两次(每次 30 分钟)	

表 3-1-4 幼儿园课程与活动时间比例(大班)

活动类型	一日活动中所占时间分配(480 分钟)		
	内容	配比	一日占比
生活	"自理生活"板块、"文明生活"板块、"安全生活"板块、"共同生活"板块(部分)	250 分钟	一日 250 分钟 52.0%
	■自然生活节	每学期一次(60 分钟)	
运动	律动操节	10 分钟	一日 80 分钟 16.7%
	区域运动	40 分钟	
	体育游戏	30 分钟	
	■自然远足	每学期一次(90 分钟)	
	■户外野趣营	每学期两次(共 60 分钟)	
游戏	角色游戏	80 分钟	一日 80 分钟 16.7%
	沙水游戏		
	表演游戏		
	建构游戏		

续表

活动类型	一日活动中所占时间分配(480 分钟)		
	内容	配比	一日占比
学习	■"自然游戏节"板块	每学期一次(60 分钟)	
	"集体/小组学习活动"板块	30 分钟	一日 70 分钟
	"室内个别化学习区角活动"板块、园内自然探索活动	40 分钟	
	■园外自然研学活动	每学期一次 60 分钟	
	■自然亲子营	每学期一至两次(每次 30 分钟)	14.6%

| 第二节 |
基于发展规律的自然探索课程分类

自然探索课程由特色活动推进,通过融合渗透、拓展体验等方式与共同性课程有机结合,逐步形成园本化、特色化的课程实施路径。

我园的自然探索课程依据指南精神,以共同性课程为基准,立足"让儿童与自然共舞"自然探索课程理念,充分挖掘园内外自然资源,逐步形成"3—6—N"课程模式,即"乐活自然、探索自然、创艺自然"三大板块,"三营两节一会"六条路径,以及班本实施的N种方式;让儿童走进自然、走向社会,丰富儿童成长经历,推动课程内涵发展。(见图 3 - 2 - 1)

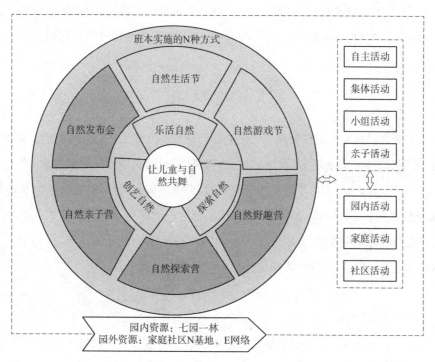

图 3 - 2 - 1 自然探索课程结构图

一、立足经验维度的自然探索课程的内容分类

自然探索课程，为儿童打开室外课堂之门，支持儿童运用多元方式感知、体验、探索自然，积累在大自然中快乐生活、自主探究、自由表现的多元经验。结合儿童经验获得的方式，我园自然探索课程内容分为"乐活自然、探索自然、创艺自然"三大板块，"三营两节一会"六条途径贯穿其中。

(一) 乐活自然

儿童在大自然的真实情景中，积极、主动地和同伴、教师交流，参与营造大自然中的共同生活，培养户外环境中自主生活的能力与习惯，体验人与人之间交流、理解、协作的快乐和重要性，倾听他人的意见，关心和同情他人，逐步构建良好的个性基础。本板块结合季节变换、环境变换，让儿童获得在自然中共同生活的快乐体验。

(二) 探索自然

本板块让儿童主动积极地与周围的自然环境交互作用，发现身体运动的可能性，并借助工具和器械安全、灵活地活动；通过观察、探索周围的自然现象，亲近大自然，表达对熟悉的事物与现象的看法，初步形成热爱大自然的情感；接触和使用各种生活及学习的工具、器具等，认识和了解它们的作用及其与生活的关系。本板块借助幼儿园户外的"七园一林 N 基地"等开展户外自然探索活动，依托家庭资源开展亲子探索活动，同时不断提升教师课程实施的思考力。

(三) 创艺自然

本板块让儿童通过认识和感受自然中的声音、色彩、动植物的生长变化等，运用多种方式，积极、有个性、创造性地表达和表现在"乐活自然"和"探索自然"等活

动中获得的认识和感受,并体验自主创造的乐趣。本板块中,儿童将尝试用多元经验进行创意表现。

二、基于年龄特点的自然探索课程的内容细化

自然探索课程的内容来自儿童熟悉、喜爱的大自然,具有开放性、整体性和连贯性的特点。我园依托"三营两节一会"六条路径,结合户外资源特点、季节变化、主题核心经验等,来设计各领域的教育教学活动,体现不同年龄阶段的差异目标。初步形成的各年龄段自然探索课程内容的举例见表3-2-1。

表3-2-1 各年龄段自然探索课程内容举例

学期	乐活自然	探索自然	创艺自然
小班上学期	• 二十四节气自助餐 • 班本自然美食体验:花园下午茶	• 季节收获体验:找秋天、摘橘子 • 班本收获体验:菜园里有什么、喂养小动物 • 自然探索集体学习:草莓长大了	• 班本自然游戏:自然涂鸦创艺 • 班本发布会:自然故事分享
小班下学期	• 户外野趣营 • 爸爸运动俱乐部 • 自然远足	• 园内自然探索活动:绿草地、春天的小花园、好玩的雨 • 班本收获体验:小菜园种植 • 自然探索集体学习	
中班上学期	• 二十四节气自助餐 • 班本自然美食体验:班本自助餐 • 滑步车越野 • 户外野趣营:野趣运动 • 爸爸运动俱乐部	• 园内自然探索活动:丫丫智动园、丫丫小菜园(北菜园)、跳舞的树 • 自然亲子营:百果园收获	• 园外自然研学:艺美园创意体验 • 年级发布会:自然小广播
中班下学期		• 班本收获体验:花园里有什么 • 自然亲子营:春天的礼物	
大班上学期	• 二十四节气自助餐 • 班本自然美食体验:	• 园内自然探索活动:丫丫光影园、丫丫百草园	• 园外自然研学:户外自然写生、艺美

续表

学期	乐活自然	探索自然	创艺自然
大班下学期	班本自助餐 ● 户外野趣营:野趣运动、足球俱乐部 ● 爸爸运动俱乐部	● 自然亲子营:丰收的秋天 ● 自然探索集体学习:植物长大啦、大树我想对你说 ● 园内自然探索活动:丫丫小花园、丫丫水乐园 ● 自然亲子营:春天的礼物 ● 自然探索集体学习:迷宫寻宝、测量树、植物名片	园创意制作分享 ● 年级发布会:小石子合唱团

在四季轮回中,随着课程递进式发展,儿童在不同年龄阶段感受到大自然的变化与神奇,通过亲历探索自然、整体感知自然、表现表达自然,形成热爱自然的情感、适应自然的能力,培养活跃的生命力和生态素养。

三、立足年龄特点的自然探索课程设置

儿童随着年龄的增长,人际经验、动手能力、思维语言能力等均在不断地发展,呈现出共性经验、个性发展的阶段特点。因此,我园根据儿童的年龄特点和需求,合理安排自然探索课程活动时间,通过融合、渗透的方式满足儿童的体验需求。(见表3-2-2、3-2-3、3-2-4)

表3-2-2　自然探索课程与活动时间比例(小班)

活动类型	一日活动中所占时间分配(480分钟)			
	内容	配比		一日占比
自然生活节	二十四节气自助餐	每月一次(30分钟)	一日60分钟	12.5%
	班本自然美食体验	结合班本需求(30分钟)		
	班本收获体验	结合班本需求(30分钟)		

续表

活动类型	一日活动中所占时间分配（480分钟）			
	内容	配比		一日占比
	季节收获体验	每学期一次（60分钟）		
自然游戏节	班本自然游戏	60分钟	一日60分钟	12.5%
	节日游戏	每学期一次（60分钟）		
	季节性游戏	每学期一次（60分钟）		
自然野趣营	户外野趣营	每学期一次（40分钟）	一日40分钟	8.3%
	爸爸运动俱乐部	每月一次（30分钟）		
	自然远足	每学期一次（40分钟）		
自然探索营	自然探索集体学习	20分钟	一日50分钟	10.4%
	园内自然探索活动	30分钟		
	园外自然研学	每学期一次（40分钟）		
自然亲子营		每学期一至两次（60分钟）	60分钟	/
自然发布会	班本发布会	每周一次（30分钟）	90分钟	/
	年级发布会	每月一次（60分钟）		

表3-2-3 自然探索课程与活动时间比例（中班）

活动类型	一日活动中所占时间分配（480分钟）			
	内容	配比		一日占比
自然生活节	二十四节气自助餐	每月一次（30分钟）	一日60分钟	12.5%
	班本自然美食体验	结合班本需求（30分钟）		
	班本收获体验	结合班本需求（30分钟）		
	季节收获体验	每学期一次（60分钟）		
自然游戏节	班本自然游戏	结合班本需求（60分钟）	一日60分钟	12.5%
	节日游戏	每学期一次（60分钟）		
	季节性游戏	每学期一次（60分钟）		

活动类型	一日活动中所占时间分配(480 分钟)			
	内容	配比		一日占比
自然野趣营	滑步车越野	30 分钟	一日 30 分钟	6.3%
	户外野趣营	每学期一次(30 分钟)		
	爸爸运动俱乐部	每月一次(30 分钟)		
	自然远足	每学期一次(30 分钟)		
自然探索营	自然探索集体学习	25 分钟	一日 55 分钟	11.5%
	园内自然探索活动	30 分钟		
	园外自然研学	每学期一次(50 分钟)		
自然亲子营		每学期一至两次(60 分钟)	60 分钟	/
自然发布会	班本发布会	每周一次(30 分钟)	90 分钟	/
	年级发布会	每月一次(60 分钟)		

表 3-2-4　自然探索课程与活动时间比例(大班)

活动类型	一日活动中所占时间分配(480 分钟)			
	内容	配比		一日占比
自然生活节	二十四节气自助餐	每月一次(30 分钟)	一日 60 分钟	12.5%
	班本自然美食体验	结合班本需求(30 分钟)		
	班本收获体验	结合班本需求(30 分钟)		
	季节收获体验	每学期一次(60 分钟)		
自然游戏节	班本自然游戏	结合班本需求 60 分钟	一日 60 分钟	12.5%
	节日游戏	每学期一次(60 分钟)		
	季节性游戏	每学期一次(60 分钟)		
自然野趣营	滑步车越野	30 分钟	一日 40 分钟	8.3%
	户外野趣营	每学期一次(40 分钟)		
	爸爸运动俱乐部	每月一次(30 分钟)		

续表

活动类型	一日活动中所占时间分配(480 分钟)			
	内容	配比		一日占比
自然探索营	自然远足	每学期一次(40 分钟)		
	自然探索集体学习	30 分钟	一日 70 分钟	14.6%
	园内自然探索活动	40 分钟		
	园外自然研学	每学期一次(60 分钟)		
	自然亲子营	每学期一至两次(60 分钟)	60 分钟	/
自然发布会	班本发布会	每周一次(30 分钟)	90 分钟	/
	年级发布会	每月一次(60 分钟)		

　　共同行动路径的确立和时间的保障是儿童走进自然、体验快乐的基础。适宜的组织、科学的价值判断等是课程回归班级、扎根儿童的助力。基于实践案例的分析,我们梳理形成《自然探索课程具体安排》。(见表 3 - 2 - 5)

表 3 - 2 - 5　《自然探索课程具体实施安排》示例(中班)

活动内容	活动安排	操作流程	场域支持	观察支持
二十四节气自助餐	每月一次(以年级为单位)	资源收集—方案设计—游戏体验—美食品尝—分享快乐	班级活动室/走廊	① 结合节气特点、儿童经验设计方案 ② 观察儿童的活动体验
班本自然美食体验	每月一次(根据班本实际)	捕捉兴趣点—活动设计—参与制作过程—分享美食乐趣	班级活动室(融合餐点食谱)	① 及时关注班级种植收获情况,设计活动方案 ② 鼓励儿童参与制作、分享过程

活动内容	活动安排	操作流程	场域支持	观察支持
班本收获体验	根据班本实际	寻找收获内容—商量收获方法—体验收获乐趣—联结美食体验	班本探索场域	① 陪伴儿童观察蔬果作物的生长变化 ② 帮助儿童寻找适宜的工具、方法 ③ 关注儿童的收获体验和发现
季节收获体验	每学期一次（根据季节特点）	讨论判断收获时间—制定收获计划—探索收获方法—分享收获喜悦—联结美食体验	园内种植园区	① 调动儿童的经验，师幼共建收获方案 ② 观察儿童的收获，支持儿童自主解决问题 ③ 调整活动安排，满足儿童的收获体验
班本自然游戏	游戏时间（班级轮流）	材料准备、装备穿戴—涂鸦体验—观察支持—分享乐趣	户外涂鸦区	① 根据季节、儿童兴趣调整材料、主题 ② 指导儿童准备、使用工具 ③ 观察儿童的兴趣、创意，支持儿童进行分享的愿望
节日游戏	每学期一次（以年级为单位）	收集建议—设计方案—场地、材料准备—节日游戏体验—整理分享	户外活动场地	① 收集儿童的兴趣、需要 ② 调节时间、场地 ③ 关注儿童的过程体验与安全
季节性游戏	一到两个月一次（班级自主）	捕捉兴趣—讨论计划—共建场地、材料—游戏体验—整理分享	户外活动场地	① 收集儿童的兴趣、需要 ② 调节时间、场地 ③ 关注儿童的过程体验与安全

活动内容	活动安排	操作流程	场域支持	观察支持
滑步车越野	区域运动时间（班级轮流）	装备准备、穿戴—场地布置—热身准备—滑步车体验—放松整理	户外运动场地	① 指导儿童做好运动准备,关注场地、装备及儿童在运动过程中的安全 ② 观察儿童的动作,做针对性指导 ③ 观察儿童的身体状况,做好保育指导
	每学期一次（滑步车越野赛）	方案设计—场地布置—儿童准备—比赛体验—分享成绩		① 关注场地、装备及儿童在运动过程中的安全 ② 关注儿童的年龄特点和比赛的公平、趣味 ③ 观察儿童的身体状况,做好保育护理
户外野趣营	每月一次（班级轮流）	选择场域—设计路线—准备装备—家长参与志愿服务—野趣体验—整理返回	园外环境资源	① 根据儿童的年龄特点筛选场域、路线 ② 关注儿童主体参与,进行过程指导 ③ 保障活动安全
爸爸运动俱乐部	区域运动时间（班级轮流）	装备准备、穿戴—场地布置—热身准备—爸爸运动指导—放松整理	户外运动场地	① 指导儿童做好运动准备 ② 关注场地、装备及儿童在运动过程中的安全 ③ 观察儿童的动作,做针对性指导

活动内容	活动安排	操作流程	场域支持	观察支持
				④ 观察儿童的身体状况，做好保育指导
自然远足	每月一次（班级轮流）	选择场域—设计路线—准备装备—家长参与志愿服务—远足体验—整理返回	社区环境资源	① 根据儿童的年龄特点筛选场域、路线 ② 关注儿童主体参与，进行过程指导 ③ 邀请家长志愿者，关注活动安全保障
自然探索集体学习	根据儿童经验设计开展	捕捉热点问题—分析经验—设计方案—开展集体学习活动—反思调整活动设计	班级活动室/户外探索场域	① 捕捉儿童的共性经验、热点问题 ② 分析儿童的经验，确立其核心经验 ③ 关注儿童的体验、学习方式 ④ 反思活动成效，推动深度学习
园内自然探索活动	一到两周一轮（根据班本实际需要调整）	收集兴趣话题—共建探索计划—自主探索解决问题—分享经历深入探究—发布成果	户外探索场域	① 关注儿童的兴趣，师幼共建班本方案 ② 观察、倾听儿童的需求，支持深入探索 ③ 满足儿童的分享需求，推动儿童进行表达分享
园外自然研学	每学期一至两次（根据班本需求）	捕捉话题—选择研学地点—制定研学计划—小组研学体验—分享研学收获	园外研学资源	① 关注儿童的探索需求、主题热点 ② 根据儿童的需求选择适宜地点

续表

活动内容	活动安排	操作流程	场域支持	观察支持
				③ 立足儿童的自主研学,师幼共建研学计划 ④ 邀请家长支持,关注研学安全
自然亲子营	每学期一至两次(根据班本需求)	捕捉热点问题—选择亲子探索地点—制定亲子探索计划—开展亲子探索体验—分享探索经历	园外自然资源	① 关注儿童的探索需求、主题热点 ② 根据儿童的需求选择适宜的地点 ③ 鼓励儿童主动探索,三方共建计划 ④ 家庭共同探索,关注体验安全
班本发布会	每周一次(根据班本探索需求)	收集、积累自然故事—亲子、师幼准备—分享自然故事—分享收获	班级活动室	① 关注儿童的兴趣,鼓励儿童分享表达 ② 关注儿童的立场,帮助儿童发布故事 ③ 鼓励儿童倾听互动,推动儿童间的同伴评价
年级发布会	每月一次(以年级为单位)	收集、积累探索经历—师幼讨论准备—分享故事或经历—互动点赞分享	园厅/自然广播站	① 关注儿童的经历,支持儿童的分享需求 ② 关注儿童的立场,帮助儿童发布分享 ③ 鼓励儿童倾听互动,推动儿童间的同伴评价

　　以儿童发展为依据，立足儿童的年龄差异，从内容与安排、操作流程、场域支持、观察支持等维度，让教师与儿童走进自然、亲近自然、感知自然、领悟自然，理解自然的广大与无私，领悟生命的伟大与深邃；让儿童在与自然的互动中，逐步发现自我、感知自我，使"人性"与"自然性"交融契合。此时此刻，儿童用其独特的视角，探寻大自然的细节，实现课程的可持续发展。

第四章

课程是大自然的发现

"一日生活皆课程。"我们应寻找和发现自然中的无限资源，积累对儿童年龄特点、学习特点等的理解，以儿童需求为第一，在进行一定选择和取舍的基础上制定方案，敢于创新，能够进行适度的推翻和跨界。如此，儿童会用其独特的思维、行动、语言向我们展现：课程就是大自然的发现。

　　课程的组织与实施过程，是幼儿园、教师创造性地开展工作的过程。幼儿园、教师要根据课程目标规划课程内容，在实施共同性课程的基础上开展特色项目活动，并包含、渗透在共同性课程的生活、游戏、运动、学习课程中。

　　我园围绕"让儿童与自然共舞"自然探索课程理念，开发符合儿童实际发展需求的特色活动。特色活动分为两大类：一是运用自然资源、基于共同性课程开展的园本化、个性化活动；二是运用自然资源开展的园内外特色活动。（见图 4 - 0 - 1）

　　从自然探索课程实施路径图中可见，我园自然探索课程依据指南精神，以共同性课程为基准，立足"让儿童与自然共舞"自然探索课程理念，充分挖掘园内外自然资源，让儿童走进自然、走向社会，丰富儿童的成长经历，推动课程内涵发展。

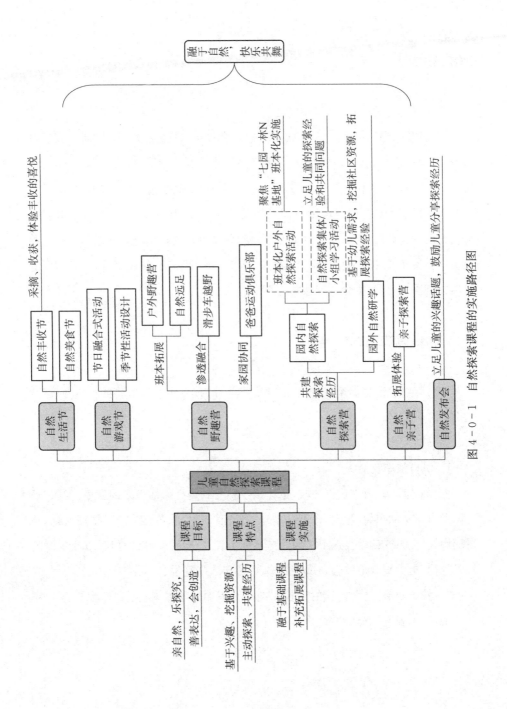

图4-0-1　自然探索课程的实施路径图

▌ 第一节 ▌
自然生活节

　　"自然生活节"是以"自然丰收节"与"自然美食节"为载体,运用幼儿园资源(如树林里的山楂、柿子,菜园里的各种蔬菜、稻子等)开展的自然生活体验活动,旨在让儿童感受季节变化带来的不同,体会收获的喜悦,感恩自然的馈赠。儿童在经历从"种"到"收"的过程中感知植物的生长变化;在体验丰收快乐的同时,养成爱劳动的良好品质,感受大自然的奇妙和劳动带来的快乐与成就感;在品尝、珍惜每一份劳动成果中,进一步了解蔬菜、水果的重要作用,从而亲近自然,感受大自然的四季变化,对生命怀有感恩之心。

一、"自然生活节"的内容

　　"自然生活节"根据季节特点、活动形式等分为"自然丰收季""自然美食节"两大内容。

(一) 自然丰收节

　　"自然丰收节"旨在庆祝丰收,也让孩子感受到美好生活带来的喜悦。结合幼儿园种类丰富的果树、蔬菜,儿童自主开展松土、浇水、除草、施肥、采摘等活动,在过程中观察、感受四季更迭下植物的一系列生长变化,感受春种夏长、秋收冬藏的耕种规律,更为直观地体会到瓜果成熟、一片丰收的喜悦。

　　"自然丰收节"结合作物的生长周期和儿童的体验方式,主要于春末、夏秋季节开展。(见表 4-1-1)

表 4-1-1 "自然丰收节"的内容与价值

月份	可收获作物	内容与价值
4、5 月	小麦、油菜、蚕豆、豌豆、枇杷	自主探索收割、脱壳的方法。 体验采摘、制作、品尝的乐趣。
6、7 月	桃、西瓜、毛豆、黄瓜、西红柿	收获、品尝,感受夏季蔬果丰收的喜悦。
9 月	棉花、甜菜	采摘、晒制,感受棉花的变化。 尝试用收获的作物进行制作。
10 月	柿子、山楂、橘子、花生	探索采摘高处水果的方法。 观察、判断地下作物是否成熟;探索收获的方法;品尝劳动的幸福。
11 月	水稻、柚子、红薯、茨菇	探索采摘高处水果的方法。 观察、判断地下作物是否成熟;探索收获的方法;品尝劳动的幸福。
12 月	土豆、萝卜	收获蔬菜、制作蔬菜制品,体验品尝劳动成果的幸福。

"自然丰收节"结合主题核心经验和园内外资源,以作物成熟为契机,开展户外生活体验活动,让儿童自主探索收获的方法,开展整理、制作活动,在家长志愿者和食堂厨师的协助下,将采摘的蔬菜制作成菜肴共同品尝,体验丰收,品尝快乐。

(二) 自然美食节

"自然美食节"能促进儿童良好饮食习惯的养成,丰富儿童的饮食文化知识。

一方面,"自然美食节"围绕二十四节气,通过小记者调查、习俗体验、走班互动等形式,在特殊节气开展丰富多元的自助餐活动,使儿童了解不同节气的地域风俗,将节气教育有效融入课程。(见表 4-1-2)

表 4 - 1 - 2 美食节内容与价值

月份	节气	内容与价值
2、3 月	春分	挖野菜,迎春分:品尝马兰头、苋菜、香椿、草头饼等春分美食。
4 月	清明	品青团,话清明:知道清明的含义,了解青团的制作过程,品尝青团。
5 月	立夏	立夏吃蛋,夏日平安:体验剥蚕豆、斗蛋等立夏习俗。
6 月	夏至	消暑止渴过夏至:品尝莲藕、苦瓜、嫩花生、百合等夏至美食。
9 月	秋分	润肺去燥迎秋分:感知秋天的季节特征,知道秋天要食用一些益肺润燥的食物,如:梨、白萝卜等。
10 月	霜降	享美食,度霜降:了解霜降节气的习俗与意义,品尝相应的节气美食。
11 月	小雪	温情暖暖迎小雪:感知冬天的季节变化,品尝水饺、羊肉、大枣、枸杞等食物。
12、1 月	冬至	团团圆圆过冬至:调查冬至节气的民间习俗,与同伴共同品尝汤圆、羊肉等冬至美食。

另一方面,"自然美食节"结合幼儿园的基础课程实施及班本化需求,融合开展班本美食节活动,如大班的"毕业冷餐会",由班本生活热点引发的"班本下午茶",共享在"自然丰收节"中收获的食物的"美食分享会"等。

儿童在分享美食的经历中,感受大自然的馈赠,了解饮食文化,懂得珍惜粮食,增强服务意识,发展自主能力。

二、"自然生活节"的实施

"自然生活节"凸显儿童的自主发现,一般每学期 1 次,根据儿童的实际需求,观察比较户外果树、蔬菜的生长变化,确定收获时机。

"自然生活节"分为"自然丰收节""自然美食节"两大内容,旨在让儿童体验收获,感恩自然。两大节日依托班级、年级或园级组织,结合班本热点、季节特征、节日、节气等内容,在师幼共建的过程中开展。(见图 4 - 1 - 1)

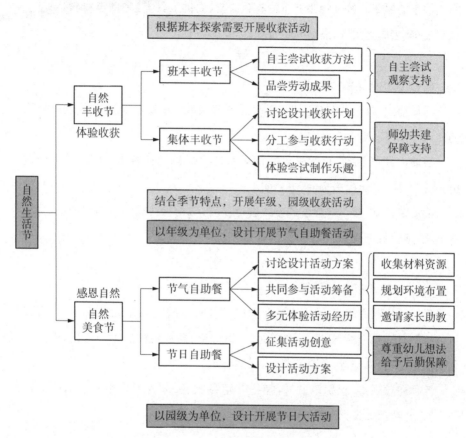

图 4 - 1 - 1　"自然生活节"实施路径图

由上图可见,"自然丰收节"以班本探索需要、季节特点为主要切入点,开展班本、集体丰收节,儿童自主讨论收获计划,尝试收获方法,体验收获乐趣。"自然美食节"结合二十四节气及节日开展自助餐活动,在尊重儿童兴趣、想法的基础上,给予充分的后勤保障;教师与儿童共同收集材料、布置环境,并邀请家长参与其中,共同策划活动。

"自然生活节"在实施过程中注重儿童的真实探索,以班级、小组为单位,让儿童根据收获内容自主协商、制定收获计划,探索选择合适的收获工具、方法,满足自主探索的愿望。教师观察儿童的收获需要,提供工具类、辅助类材料,灵活调整课程安排、当周食谱等,满足儿童收获、体验的需要。

(一) 关注儿童阶段需求

活动前期:收集儿童的问题,了解儿童的兴趣,让儿童自主判断收获时机、活动方式等,支持儿童主动探索。

活动中期:围绕儿童的视角支持活动过程,在采摘、制作、分享、品尝的过程中,支持儿童去发现、去提问、去感受。

活动结束:以参与式教学的方式进行互动,与儿童共同回顾活动经历,分享收获体验,感受收获快乐。

(二) 注重儿童自主发现

无论是收获成果还是品尝美食,时机判断、体验方式由儿童决定,儿童在照料、观察中比较、判断,倾听同伴意见,互相讨论、理解植物的生长变化,根据问题查找信息、实验操作等,从而获得多元经验。

教师通过观察、识别等方法,捕捉儿童在收获、体验过程中有价值的共性问题,支持儿童深入探索。

案例　熟 OR 没熟,谁说了算(节选)

从小班、中班到如今的大班,儿童拥有了在菜地里持续照料的经验。十月中旬是作物收获的季节,儿童对前期栽种的蔬菜有了采摘的想法。可到底什么样的蔬菜算成熟了呢? 大家开始了小组讨论:

儿童A:我想知道菜园里哪些植物可以采摘了。怎么看它熟了没有?

儿童B:我知道油菜籽豆荚从绿色变成黄色,它就熟了。

儿童C:春天播种,现在到了秋天就可以收获了。

儿童D:不确定的时候还可以查资料,了解它有没有熟。

儿童E:柚子皮是绿的不能采,只有黄了才可以,你看园子里这棵柚子树就可以采了!

儿童F:我也来问大家一个问题:为什么黄瓜绿的时候也算成熟了呢?

儿童A:不,我觉得黄瓜只有黄的时候才能采摘!

儿童F:可我也吃过绿黄瓜呀!

T教师:你们两个都是通过颜色来判断,谁能告诉你们到底什么样的黄瓜才能采摘呀?

儿童G:黄瓜变大的时候它就成熟了。

儿童H:黄瓜刺变多了它就熟了。

儿童I:黄瓜花卷起来,说明它可以采了。

……

大家争先恐后地分享着不同植物成熟的"秘密",还没来得及分享的孩子用记录方式写下其他"植物长大"的发现。

(案例提供:嘉定区红石路幼儿园 曹越)

(三) 推进儿童的真实体验

"自然生活节"注重儿童的真实体验,旨在让儿童感受直接感知、亲手操作的过程。如在挖红薯活动中,从调查到制定计划,到准备工具和食材,再到动手制作和分享美食,以及延伸拓展活动,每个儿童都参与其中,教师为儿童创设全面发展的机会;儿童的主体性被充分彰显,儿童的兴趣与需要得到了完全尊重,儿童的创造性解决问题的能力得到了全面体现,儿童的探究愿望得到充分满足。

案例　挖红薯

一、找不到红薯

孩子们来到红薯地,小宇拿起一根藤蔓,顺着藤蔓一直拉,可是把藤蔓拉断了都没有找到红薯。有了第一次的失败经验,几个孩子一起商量对策,开展了"红薯可能在哪里"的猜想,并记录下了自己的猜想。

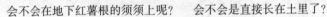

会不会在地下红薯根的须须上呢?　会不会是直接长在土里了?

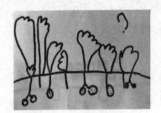

是不是在另外一根红薯藤下面?

二、把红薯藤剪掉

想想说:"你们看,这藤蔓这么长又这么多,我们要找到其中一根藤蔓,好像有点困难。"小胡立刻说:"那我们把这些长长的藤蔓剪掉,这样就能发现地里的宝贝了。"小伙伴们开始用手拉,可是发现只能拉一段距离,手还有点疼,他们发现可以用剪刀来帮忙,于是拿起剪刀把藤蔓剪到最短。

三、铲坏的红薯

小宇拿来铁耙开始犁地……不一会儿,他们有了一些新发现。"快看,我看到根下面好像有东西,还是硬硬的。"一边说着,一边用铁耙铲土,可是铲了半天,红薯还没有出来。于是,他们找了大铲子来帮忙。

萱萱和小陆发现红薯地里有些地方的土是高起来的,他们觉得红薯就在下面,于是不停地用铲子向外铲土,最终红薯被挖出来了,可是被铲坏了一半。他们由此产生了问题:怎么铲土才能不伤到红薯呢?

大家一番讨论后,更换工具、观察铲土位置,通过自主探究的方式挖到了红薯,感受到了成功的快乐。挖到一堆红薯后,新的问题又产生了:怎么样的红薯更重呢? 一根藤下到底有几个红薯? 红薯味道又是怎么样的? ……后续学习又开始了。

(案例提供:嘉定区红石路幼儿园　周莹)

(四) 推动活动持续生成

教师根据儿童当下行为进行多方面支持,包括空间支持、时间支持、经验支持、环境支持和材料支持等,这一系列支持都是教师追随儿童发展而进行的,也将进一步推动活动持续发展。

三、"自然生活节"的活动案例

儿童如种子,给予其适宜的阳光雨露,他们就会茁壮成长。生活中的问题、偶然的发现,常会成为课程的生成点。面对"不吃蔬菜的儿童",教师带着他们走进菜园,在播种、照料、收获中,一场"菜园里的食育"悄然发生。

案例   菜园探索中的食育

　　每到午餐环节,部分孩子就陷入"吃蔬菜"的烦恼。而在一次午后校园散步中,路过菜园,孩子们对眼前的菜园发出感叹,与身边的同伴兴奋地讨论着自己观察到的景色。同样是蔬菜,孩子们面对它们表现出截然不同的反应,这让我陷入沉思:是否能将菜园活动与吃蔬菜做一次联系,让菜园探索成为一次食育好机会呢?

　　我再次带孩子们去参观这片菜园,把"菜园蔬菜是如何变成餐桌上的食物的?"这个问题抛给他们。孩子们展开热烈讨论,我根据他们所讨论的内容,归纳形成关于"播种""照料""收获"的一系列项目化学习活动。

一、播种:哪些蔬菜适合在 9、10 月播种?

　　进行播种前,我提供了 6 种蔬菜种子:荷兰豆、番茄、青菜、生菜、大蒜、蚕豆。孩子们带着这个问题在绘本书籍、视频、图片中对种子进行调查,发现:原来不是所有种子在 9、10 月播种后都能长大,不同蔬菜的播种时间是不一样的。他们将 6 种蔬菜种子的播种时间绘制成一张调查表,一番商量后,决定在菜园空地播种青菜、大蒜和蚕豆 3 种蔬菜。

1. 照料:怎样给菜园蔬菜提供营养?

　　肥料工厂开工了。起初,大家制作肥料的原料是清理菜园时收集的杂草和落叶,将它们碾碎后"变废为宝"制作成肥料。有一次,在下午吃点心时,有孩子提出今天剥下的橘子皮撕碎后能做成香香的肥料。还有一次,一位孩子看到爷爷在家用鸡蛋壳做花肥,便也产生兴趣进行尝试。渐渐地,肥料工厂形成了"落叶""橘子皮""杂草""蛋壳"这 4 种主流肥料。

　　"肥料施在哪个位置呢?"这是肥料小组的儿童第一次发生

争执，儿童 A 认为"白菜是吃叶子的，肥料应该涂抹在叶面上"，儿童 B 认为"根是吸收营养的，肥料应该堆在蔬菜根部"，儿童 C 认为"既然是种在泥土里的，那么肥料也应该埋进土里"。他们各执己见，开展了一次堆肥实验，按照自己的想法进行施肥，通过逐日观察记录来探索哪一种方法更合适。

二、收获：今天你是菜园小厨师，想用收获的蔬菜做成什么食物？

菜园小厨房为大家提供了很多工具和材料：餐盘、筷勺、榨汁机、拉面机、搅拌器、擀面杖、儿童菜刀、面粉等。美食讨论会上，孩子们的想法层出不穷：蔬菜沙拉、菜馒头、炒菜、饺子、蔬菜饼……在第一次实践中，孩子们都是在做自己所想的食物，而当做蔬菜饼的两位儿童先完成（他们的蔬菜饼是将面粉揉成一个小面团压扁，青菜切成一小片一小片贴在面饼上，操作起来速度相对较快）后，许是对成就感的憧憬，其他孩子也开始做蔬菜饼。起先我以为他们只是模仿着做，但在仔细观察一段时间后，我不禁感慨儿童的创造力：都是蔬菜饼，却有大不同。蘑菇用搅拌机做成泥状，萝卜被榨汁机压成汁，小葱被菜刀切成一段段条状，土豆又有片状、块状……根据不同蔬菜的特点，大家将它们做成了各种各样的蔬菜饼。

活动取得了丰硕的成果，具体如下。一是成长足迹——《菜园手记》。儿童在这次项目化学习活动中解锁的新技能、新知识以及美好回忆，以记录形式呈现在《菜园手记》"播种""照料""收获"三个篇章中，为之后参与菜园探索的儿童提供了经验。二是突破自我——蔬菜"变"美味。"哇，我的萝卜饼闻上去香喷喷的！""你尝尝，我做的土豆饼像肯德基的土豆泥一样，有甜甜的味道呢！"看到孩子们相互推荐自己做的蔬菜饼，我和一旁的家长志愿者会心一笑。自己用心照顾的蔬菜制作成的食物出炉后，满满的成就感让孩子们忍不住都想尝一尝曾经不想吃的蔬菜,最终发现其实蔬菜并没有那么难吃。

自然对儿童的感化有时是教师多次修改成稿的方案所预设不到的。在这次活动中,儿童走出一小方天地,到大自然中探索体验。作为菜园小主人,在整个探索过程中,儿童的兴趣都是高涨的,他们通过探索"如何管理菜园",收集信息,付诸实践,对自己悉心照料的蔬菜产生喜爱之情,对亲手制作的蔬菜饼有着成就感,从曾经"我知道蔬菜有营养,但是我不想吃"转变为如今的"我照顾的蔬菜长大了,又亲自将它制作成食品,我尝了尝后发现蔬菜并没有那么难吃",情感作为中介让儿童渐渐达到知行合一。

健康身体,是儿童进行生活、运动、学习、游戏的基础;这也是"菜园探索中的食育"项目初衷所在。儿童在兴趣的驱动下,通过亲身实践,探秘蔬菜从一颗小种子到一味食物的过程,在了解蔬菜来之不易、爱护自己照顾的蔬菜等一系列情感体验中,逐渐改善不爱吃蔬菜的偏食现象。经历这次活动后,我深深地感受到学习是无止境的,儿童在活动中不断学习成长,教师也需在活动中不断推敲如何帮助儿童成为更好的自己,希望每一段学习经历都是有所成的。

(案例提供:嘉定区红石路幼儿园　徐静佳)

上述案例立足儿童视角,让儿童亲身实践,儿童收获的不仅是"蔬菜有营养"的道理,还有许多宝贵的经验。上述案例有三个方面做得很好。

一是户外资源给予儿童生成空间。相对于室内,户外场地更大,户外资源也更丰富。以往儿童常常坐在教室通过图片、视频等获取关于植物生长方式、外形特征的知识。而当学习阵地转向户外,在户外种植、照料、收获的过程中儿童就能获得解决问题、同伴合作、有序规划等综合经验。儿童是拥有巨大潜力的,他们通过亲身操作和参与来获取丰富的感官体验。在生成性活动中,我们注重的不是儿童学到什么、学会多少,而是注重儿童主动学习的价值,鼓励儿童充分探索生成空间,激发儿童潜力。

二是生成内容激发儿童主动探究。对于大班儿童而言,探索、发现不应该仅仅停留在表面,而要进一步关注儿童的探索品质、思考问题的多角度化,以及实际操作中的问题、解决方法等。当儿童兴趣减弱时,教师没有急于结束,而是耐心观察儿童后续的兴趣和热点。"怎样给菜园蔬菜提供营养?""菜园里长长的蔬菜倒下来了,怎么帮助它们'站'起来?""蔬菜丰收时都是把它们从土里拔出来吗?"……一个个鲜活的新问题,鼓励着儿童继续探索。

三是预设和生成相辅相成。在全新二期课改背景下,教师的预设活动和儿童的生成活动是相辅相成的。预设的目的之一就是要为儿童的生成做铺垫。因此,教师在设计预设活动时除了要考虑儿童的当前经验、活动中儿童的参与性、如何使儿童有直接体验外,还要考虑如何给儿童留下生成活动空间。在"自然生活节"的"菜园探索中的食育"中,儿童通过亲身实践,在一系列情感体验中逐渐改善不爱吃蔬菜的偏食现象。

第二节
自然游戏节

"自然游戏节"主要根据节日、季节的特点,让儿童在不同主题中体验不同节日、四季变化的自然野趣:在自然的游戏场域里体验,在自主的游戏材料中创想,在自在的游戏状态下感悟,在自由的游戏精神中生长。

"自然游戏节"既关注游戏的内容、场域,也强调儿童经验的改造、重组和扩展,更注重儿童在游戏中获得的真实体验和愉悦情绪,实现儿童游戏情感的发展和游戏品质的养成。

一、"自然游戏节"的内容

除了班本自然游戏外,"自然游戏节"主要分为两类。

一是结合节日开展的游戏节。结合节日的特点,让儿童了解不同节日的内涵与习俗,开展游戏活动。(见表4-2-1)

表4-2-1 "自然游戏节"的内容与价值(节日)

节日	活动主题	内容与价值
春节	民俗节	儿童了解春节的内涵与风俗,利用自然资源开展民俗游戏活动。
儿童节	帐篷节	在户外草坪上搭建帐篷,儿童自主开展绘本阅读、野餐、游戏等活动。
中秋节	蹴鞠节	儿童了解中秋节的习俗,与同伴一起体验玩蹴鞠。
国庆节	旅游节	利用幼儿园户外小公园设计有关"旅游节"的趣味游戏,儿童自主选择参与。

二是结合季节开展的游戏节。结合季节特征开展游戏活动,让儿童感受大自

然寒来暑往的四季变化。(见表4-2-2)

表4-2-2　"自然游戏节"的内容与价值(季节)

季节	活动主题	内容与价值
春季	风筝节 玩雨节	1. 体验自制风筝玩具的乐趣,激发探索精神,体验与同伴共同游戏的乐趣。 2. 感受春季多雨的季节特征,和春雨做游戏。
夏季	玩水节	在夏季开展打水仗、吹泡泡等游戏,充分体验玩水的乐趣。
秋季	落叶节	利用秋天的落叶、野草、芦苇等开展捡落叶、落叶舞、自然拼画等多样游戏。
冬季	冰雪节	结合冬天的季节特征,儿童根据兴趣,和冰、雪做游戏。

儿童在游戏中通过各种自然体验去想象、去游戏、去发现;对动植物生长变化产生好奇和关心,逐渐理解四季轮换及大自然循环往复的规律;运用五感"看""听""尝""闻""触",去感受大自然的魅力和力量。

二、"自然游戏节"的实施

"自然游戏节"的组织与实施关注季节特点,每学期开展1—2次活动,结合不同季节的气候、自然特点,充分利用户外环境资源,确保活动的适宜性、趣味性。以园内自然环境为场域,以班级、年级等为单位,儿童共同计划、设计、体验参与,实现在大自然中游戏的愿望。教师关注支持儿童自主协商、尊重儿童的想法,提供空间、时间、材料等的支持,关注游戏安全。

"自然游戏节"依据游戏类别、组织形式等,形成师幼共建的实施路径。立足节日或季节特征开展活动,儿童在与同伴共同设计游戏内容、分享游戏经历的过程中,体验在自然中开展游戏活动的乐趣。(见图4-2-1)

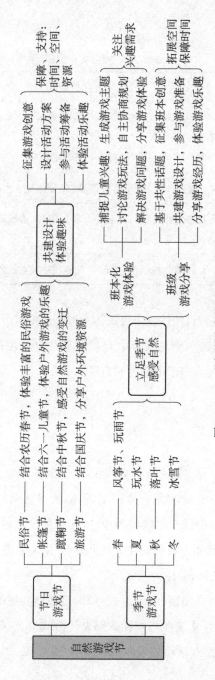

图 4 - 2 - 1 "自然游戏节"的实施路径

从上图可见,以节日为立足点的游戏节,结合不同习俗、内涵的节日,教师提供时间、环境、资源等支持,与儿童共建游戏。以四季为立足点的游戏节,以感受季节特征为主,在关注儿童兴趣、需求的基础上,开展班本化游戏体验和分享,让儿童体验四季变化的自然野趣。

(一) 共建游戏,丰富经历

"自然游戏节"以儿童的兴趣、需要为起点,顺应儿童的自然本性与成长节律。活动由儿童主动发起,教师和儿童一起协商、对话,共同商榷活动方案,与儿童共同构建游戏节全过程,以此唤醒儿童的主体意识,促进儿童获得主动、生动的发展。

① 发起阶段:捕捉儿童的游戏兴趣,支持儿童的游戏愿望,包含游戏选择、计划、准备等。儿童在模仿、选择、迁移中积累自主规划经验与能力;教师根据游戏计划给予活动时间、场域、材料等支持。

② 实施阶段:儿童根据计划自主开展游戏,解决游戏中出现的问题与困惑;教师根据儿童在游戏体验中的不同需要给予适度支持,关注过程中的安全保障。

③ 分享阶段:回顾游戏经历,重在支持儿童整理、分享游戏体验,提升儿童的游戏经验。

(二) 坚守立场,回归生活

教师始终坚守儿童立场,将儿童的现有经验作为活动实施的基础,引导儿童基于已有经验在游戏节活动中对新事物、新信息、新问题等进行主动建构,进行经验重组和再构,不断生成新经验。"自然游戏节"体验活动源于儿童的生活,实施在儿童的生活中,引导儿童在生活中发展、在发展中生活。

案例　玩转帐篷

当儿童们谈论起如何搭帐篷时,他们进行了一场讨论:

大豆说:"我之前和爸爸妈妈在公园里搭过帐篷。"

小江说:"我和爸爸妈妈搭的帐篷是在店里买的,是用支架来搭的。"

小宝问:"可是我们的幼儿园没有专门搭帐篷的支架,怎么办?"

大豆说:"那我们可以一起找找幼儿园里有什么材料。"

小秦看到一旁闲置的搭管道的管子,说:"这个管子可以用来当支架。"

小宝说:"我们可以来试一试。"

大豆说:"我们还需要一块布来盖在这个架子上。"

第二天,大家把搜集到的材料放在一起,开始了他们搭帐篷的初尝试。他们将闲置的管子连接起来,在连接过程中,由于女生力气比较小,男生和女生分工协作,商量好男生负责连接固定,女生帮忙把布盖在支架上。

在搭建过程中,他们发现一些问题。

小宝说:"这块布和支架怎么绑在一起?"

大豆说:"可以用绳子,但是我还不会打结,怎么办?"

小江说:"那可以用夹子。"

他们找来夹子尝试了一番,虽然能夹住,但是只要轻轻一碰,夹子就会从粗粗的管子上掉落下来。他们又进行了一番讨论。

小秦说:"夹子老是掉下来,一点都不方便。"

小宝说:"那能不能用扭扭棒试试看?"

大豆说:"用扭扭棒怎么固定呢?

小宝说:"我们可以在布上戳个洞,再把扭扭棒穿进去,和支架绑起来。"说完,小宝马上尝试这个方法。大豆学着小宝的方式,也尝试绑支架。经过几番尝试之后,他们终于固定好了一个简易帐篷。

我的思考

1. 生活经验,激发探索动力

由于儿童对搭帐篷有一定的生活经验,对帐篷结构有基本了解:帐篷由支架和遮挡布组成。但是在缺少材料的情况下,他们还是很感兴趣地收集材料搭建帐篷,他们的兴趣激发了探索动力。

2. 基于互动交流,促进学习能力

搭帐篷过程中,儿童经过讨论尝试用多种方法固定帐篷,如用夹子夹、扭扭棒戳洞。经过互动讨论、尝试,儿童从同伴那里习得了固定帐篷的好方法,促进了自身的学习能力。

（案例提供:嘉定区红石路幼儿园 万皓）

(三) 挖掘资源,注重生成

"自然游戏节"围绕儿童的兴趣和探究愿望,挖掘儿童身边的资源,生成多样的游戏节主题。如"春天"主题,儿童会聚在一起谈论放风筝的趣事:"风筝为什么会飞? 它们都飞去哪里了呢?""为什么要放风筝,放风筝是什么意思?""如果能乘着风筝飞会是什么感觉?"……个别儿童把家里的风筝带到幼儿园与同伴分享。当个体兴趣成为班级共性热点时,教师带领全班儿童共同深入了解、探索风筝的秘密。由此,"风筝节"便应运而生。

三、"自然游戏节"的活动案例

在"自然游戏节"的开展过程中,如何以儿童的兴趣、需要为起点,与儿童共同构建游戏节的过程,促进儿童获得主动、生动的发展? 面对儿童对雨天的"抱怨",教师通过对话儿童,打破时空,在支持儿童实现雨天自由的同时,也收获了课程创生的惊喜。

案例　　陪你去玩雨

　　下雨天,你会带儿童出去吗? 你会和儿童做什么呢? 我和儿童一起走进小花园,探寻花的世界,却因为连续雨天产生了矛盾。面对他们的"拷问",我深思:如何将饱受质疑的雨天活动还给儿童,让儿童从"看雨"走向"玩雨"?

一、深思:"玩"雨活动的 YES or NO

倾听——喜欢雨天的 N 个理由

　　把游戏场所从"教室"搬到"雨中",从儿童视角看,雨天到底可以玩什么? 怎么玩? 带着这些问题,我们走进儿童的世界,倾听他们的真实想法,通过倾听与对话,我们记录了儿童的喜欢与不喜欢,以及最想在雨天做的事。

不喜欢雨天	喜欢雨天	最想在雨天玩……
1. 下雨天,许多地方都湿湿的,不舒服。 2. 下雨天,会淋湿衣服和头发,会生病。 3. 下雨天,有的地方很滑,会摔跤。 4. 冬天下雨了,天气就会变冷。 5. 下大雨,会打雷,有闪电,很害怕。	1. 可以穿雨鞋、撑小伞去踩水塘。 2. 下雨了,小花小树就有水喝了。 3. 夏天下雨,雨水凉凉的,很舒服。 4. 下雨时,小雨滴答滴答,就好像在唱歌。 5. 下雨了,马路、大树、车子都变得很干净。	1. 在雨后抓蜗牛。 2. 我想穿雨披雨鞋去踩水坑。 3. 我想去看看雨前蚂蚁搬家。 4. 我想去摸摸小雨,让小雨也摸摸我。 5. 把自然角的小花搬出去,让它们喝水。 6. 我想去菜园里找找小昆虫,看下雨天它们都在干吗。 7. 我要做雨水接收器,接雨水浇小花。 8. 我要去尝尝雨的味道。 ……

从儿童的讨论中可以看出,不喜欢雨的原因主要是因为下雨对人类在安全、健康等方面所造成的困扰。但大部分儿童对"玩雨"活动是非常渴望、期待的,他们渴望走进雨中,和雨积极互动,渴望走向雨中自然,用多种感官,去发现、探索大自然更多奥秘。

一、深思:"玩雨"装备的加与减

1. 质疑——"玩雨"活动值得探究吗?

对于"玩雨"活动,幼儿园中出现了不同的声音,也让我开始质疑自己的做法:"我做错了吗? 雨天真的不能陪儿童出去'玩雨'吗?""特殊天气,是否真的值得我们进一步探究?"我决定听听最有发言权的儿童对雨天活动的想法:

儿童1:"我在雨中找到了小蜗牛,我太开心了。"

儿童2:"穿着雨鞋踩水坑,真好玩。"

儿童3:"我在树叶上搜集了许多雨水,雨水像小珍珠一样,非常的美。"

......

看来雨天的不适,并没有阻挡儿童们对"玩雨"活动的喜爱和探索,他们沉浸在属于自己的雨中世界,享受着雨天探索带来的乐趣。所以"玩雨"活动对儿童的学习是非常有价值的,我们不应回避,而应积极利用好大自然馈赠的雨中资源,努力解决"玩雨"活动存在的问题,让"玩雨"活动成就儿童的快乐成长。

2. 保障——雨天装备的支持

如何精准解决"玩雨"活动出现的问题? 徐则民老师曾结合特殊天气说过:没有不好的天气,只有不好的装备。"玩雨"装备与儿童探索具有非常密切的联系。因此,围绕"玩雨"活动需要的装备支持和探索材料,我和儿童共同探讨、优化:

(1)配备户外防雨装备:以班级为单位,配置统一的雨衣、雨鞋,提供收纳袋便于收纳。

(2) 配备活动后物质装备:每班配备一个吹风机,每位儿童带一套换洗衣服、一块擦拭毛巾。

(3) 配备雨天户外探索工具:结合雨天潮湿的特点,运用"加减法"进一步优化探索材料。

① 加:

防雨收纳类:根据雨天易积水的特点,增加有盖收纳筐、防雨薄膜等;

辅助工具类:根据儿童的"玩雨"需求提供支持探索的各类辅助材料;

信息互动类:增加电子设备记录的支持(如 Pad、相机),同时增加室内记录互动的时间。

② 减:

辅助工具类:减少易潮湿损坏的纸质材料、水溶性材料等;

信息互动类:结合雨天现场特点,减少现场记录的不便。

"玩雨"装备的优化,让儿童在雨中获得更真实、更深刻的学习体验,活动也逐渐得到家长的理解和支持。

二、我的思考:"玩"雨让游戏散发活力

一路走来,越来越多的教师带领儿童去"玩雨",我们的"玩雨节"开始落地、生根、发芽。"过去的户外活动,是我们牵着儿童教他们活动,现在我们的儿童已经变成自然之子,他们快成为我们的老师了。"这是我们一位教师在带领儿童开展"玩雨"活动后发出的感慨,虽然这只是一句玩笑话,但确实让我对我们的课堂所散发出的活力而惊叹!

1. 打破时空　彰显魅力

从"户外"走向"雨中",是我园对户外课程的再次变革,也是一次没有模板的变革,我们没有经验可以参考和学习,也没有判断成功与失败的标准,但我们为儿童呈现的是开放的、自主的、丰富的雨中环境和广阔的空间。在与特殊环境交互中，儿童接触到的是真实独特的世界，他们的视觉、听觉、嗅觉、味觉、触觉等感官系统参与，他们感受到第一场春雨的滋润、第一次找到雨中蜗牛的惊喜、第一次在幼儿园尽情踩水塘的快乐……打破时空的雨中游戏让儿童变得更加自觉主动，让教育充满感情和欢乐，让我们的游戏变得更美妙、更具有魅力。

2. 小鬼当家　绽放精彩

"玩雨"活动让儿童感知体验雨中世界的奇妙现象，尝试用自己的方式发现问题、分析问题、解决问题，如：大雨把花园都淹了，为拯救小花，他们查找资料，通过挖渠引水，让小花园恢复了生机；草地上发现小蘑菇，他们运用小木桩、树枝等材料学着种植蘑菇……每一次活动，他们的头脑和双手变被动为主动，眼睛和嘴巴描绘出最真实的场景、时间和空间，释放出最自然的自己，焕发强大的创造力、生命力。

诚壹所致，百炼成钢，我们将继续追随儿童的脚步，不断积累"玩雨"活动的经验，让"玩雨节"成为师幼不可重复的生命体验和演绎舞台。

（案例提供：嘉定区红石路幼儿园　俞春燕）

在"玩雨"的日子里，教师和儿童一起感受春雨的淅淅沥沥，一起在雨中寻找小蜗牛，一起品尝雨水的味道，一起拯救自然小精灵……在体验"玩雨节"的过程中，我们共同经历着游戏变革：

一，从"束手"到"放手"。 在"玩雨"中，教师走出了专业困境，从"束手"到"放手"，学会了倾听和理解儿童，和儿童建立平等、自由、互相信任的师幼互动关系。

二，从"引导"到"跟随"。 在一系列"玩雨"活动中，教师学会对儿童的天性、需求和想法的尊重与呵护，能够真正支持、追随儿童在活动中的地位，儿童视角也越发明晰。

三，从"介入"到"支持"。从以往教师介入儿童游戏，到教师观察儿童游戏行为，和儿童共同探讨、优化材料，支持儿童进一步的游戏行为，如探讨户外防雨装备、活动后物质装备、雨天户外探索工具等，引发儿童喜欢自然、亲近自然的情感。

| 第三节 |
自然野趣营

　　"自然野趣营"以幼儿园户外场域、周边区域自然环境为资源开展野趣运动，如"滑步车越野、自然远足、爸爸运动俱乐部"等，旨在拓展幼儿的多元运动经验，凸显自然运动的趣味、挑战。

　　"自然野趣营"带来的挑战不仅给予儿童一种激励，促使其大胆尝试，更重要的是助力儿童的动作发展以及让儿童体验克服困难后的愉快，保护和促进儿童的挑战欲和自信心，推动他们提升自己的运动能力与智慧，为健康生活奠定基础。

一、"自然野趣营"的内容

　　大自然赋予人类美好的日光、空气、水和田野，这些自然因素对儿童的生长发育有诸多益处。"自然野趣营"运用园内户外自然环境及周边社区自然资源，开展各种野趣运动，让儿童在自然中体验运动的乐趣。

　　从组织形式及内容来分，"自然野趣营"主要包含"户外野趣营、自然远足、滑步车越野、爸爸运动俱乐部"四种类型。

（一）户外野趣营

　　园内外的野趣运动资源富有挑战性，蕴含着许多冒险与刺激的元素。"户外野趣营"旨在挖掘和运用园内外的野趣运动资源、场域，如园内野战营、草地、园外社区公园、体育场等，通过自主体验、集体游戏等方式，满足不同层次儿童的动作发展需求。（见表4-3-1）

表 4-3-1 "自然野趣营"的内容与组织方式

场域	内容	组织方式
园内户外场域	户外野战营	自主野趣运动/集体"野战游戏"
	山坡、草地、树林	自主野趣运动/集体"野战游戏"
	开阔的塑胶运动场	自主野趣运动
		户外跑酷体验
园外社区资源	嘉北郊野公园	集体"野趣游戏"
	汇龙潭	集体"草地游戏"
	菊园体育公园	集体"野趣游戏"
		户外跑酷体验

如表所示,园内户外场域分为户外野战营、山坡、草地、树林以及开阔的塑胶运动场,结合场地的不同特点组织不同的野趣运动,如在开阔的塑胶运动场开展自主野趣运动游戏,利用各类器械的组合,打造具有挑战性的户外跑酷体验场。此外,周边的公园资源丰富,不同于园内的以班级、小组为主的组织形式,园外的场域满足了集体、多个班级共同体验"野趣游戏"的愿望,让儿童在大自然中尽情玩、充分玩,发展肢体动作,享受户外游戏的野趣与快乐。

(二) 自然远足

远足是在大自然中运动的一种方式。"自然远足"活动充分挖掘幼儿园周边的自然资源,由教师及家长志愿者看护儿童在公园、山野间进行一定距离的行走锻炼,增强儿童的运动耐力,培养其不怕困难的运动品质。我园"自然远足"活动主要利用周边公园、步道等距离适宜、适合徒步的场域开展定向、接力等各种形式的远足活动。(见表 4-3-2)

表4-3-2　"自然远足"的内容与组织方式

场域	内容	组织方式
嘉北郊野公园	远足体验活动 主题式"定向"体验活动	班本/亲子 外聘教练设计组织
环城河步道	远足体验活动 趣味"接力走"	亲子远足体验 外聘教练设计组织
陈家山公园	远足采风赏荷	班本/亲子
其他	结合班本、家庭实际,利用社区、来离园、假期等开展远足体验	家庭远足体验

(三) 滑步车越野

有效利用幼儿园的户外场地,如"风雨长廊""幸福长廊"等设施,设计天然障碍路线和活动内容,支持儿童在滑步车训练及竞赛中提高身体控制能力和平衡能力。课程主要将滑步车运动与基础课程中的运动活动、主题活动相结合,聘请专业的教练对不同的活动进行科学指导。(见表4-3-3)

表4-3-3　"滑步车越野"的内容与组织方式

内容	时间	组织方式
滑步车区域运动	周一至周五上午	融合区域运动渗透体验、教练针对指导
滑步车定向	每月1次	外聘教练针对性设计指导
滑步车越野赛	每学年1次	结合节日开展主题活动

(四) 爸爸运动俱乐部

借助爸爸们的运动兴趣和专业特长,让爸爸们带领儿童定期开展优质高效、丰富多彩的户外运动(足球、篮球、轮滑等),帮助儿童在运动中形成勇敢、坚强、豁达的积极品质,从而健康、快乐地成长。除日常进园的户外运动指导外,结合亲子

互动的时间与节假日中儿童的运动需求,我们通过幼儿园微信公众号推送趣味运动游戏。(见表4-3-4)

表4-3-4 "爸爸运动俱乐部"的内容与组织方式

内容	时间	组织方式
户外运动指导	单周周四:上午运动时间	家长根据自身兴趣特长,参与儿童的运动内容指导,如:足球、篮球、轮滑等
亲子运动游戏(室内)	双周周五(园微信公众号)	选择家中方便可取的材料,设计、分享适合不同年龄段的亲子运动游戏
亲子运动游戏(户外)		结合家长的兴趣、特长,利用社区空间设计、分享亲子运动游戏,促进亲子互动

二、"自然野趣营"的实施

"自然野趣营"以园内外的自然环境为场域,以班级、年级等为单位,开展多种野趣运动体验活动,让儿童体验在大自然中的多元运动。

"自然野趣营"围绕"户外野趣营、自然远足、滑步车越野、爸爸运动俱乐部"四大内容,以小组式、集体式、主题式三种组织形式开展,根据年龄、季节选择合适的场域资源,设计活动方案,确定活动组织形式,筹备开展活动,并通过反思、复盘不断优化。活动的实施关注各类野趣运动的场地、内容设计的适宜性,提供防护装备、运动器械的支持,关注园外活动的安全保障。(见图4-3-1)

小组式活动以儿童的运动兴趣为主,儿童自由选择野趣活动后进行小组活动。例如"爸爸运动俱乐部",儿童在"爸爸教练"指导下开展户外足球活动。

集体式活动,以班级为单位由教师组织或协同外聘运动专业老师开展活动,例如滑步车定向指导。

主题式活动,链接"自然游戏节"开展活动,如滑步车越野赛。

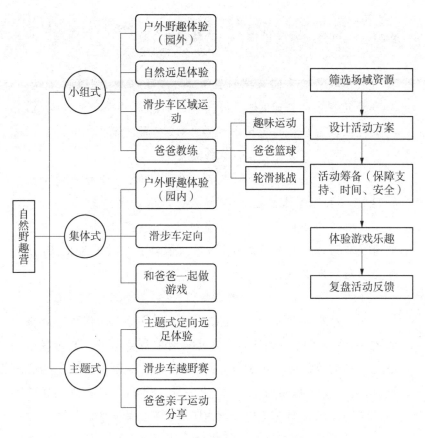

图 4-3-1 "自然野趣营"的实施路径

"自然野趣营"的组织与实施,充分发掘幼儿园、社区中适宜的运动环境,邀请专业机构、有运动特长的家长等多方支持,实现家、园、社区合力。

(一) 关注兴趣能力,注重寓教于乐

教师通过日常观察,了解儿童的运动兴趣和运动能力水平,对照《学前儿童健康学习与发展核心经验》,判断儿童当前的动作发展、身体协调等综合水平。如在"森林找家"的野趣活动中,教师结合儿童的运动兴趣、科学运动知识等多方面因素开展因地制宜、寓教于乐的野趣活动,推动儿童全面、协调发展。

案例 **户外野趣营活动——森林找家**

中3班的孩子们来到社区开展"户外野趣营"课程活动。不同于教室中的活动,利用社区中郁郁葱葱的小树丛与空地,孩子们在自由自在的活动中体验自然、发展体能。

小动物找家

在社区空地中,孩子们在音乐中变身成为森林中的小动物,把废旧报纸当成自己的家,随着音乐信号做出反应,当音乐结束时快速回到自己的家中。当报纸做成的家逐渐减少,孩子们通过与同伴一起合作"回家",不仅锻炼了快速反应能力,还体会了与朋友游戏的快乐。

动态写生

在活动最后环节中,孩子们通过小脚的扭动,将脚下的报纸撕碎,锻炼了腿部力量和身体的协调性与灵活性。此时报纸通过孩子们的努力变成了一片片"小雪花",孩子们将"小雪花"拾起,听指令一起洒向空中,变出一场美妙的"雪"。他们还将"雪花"团成团与朋友追逐"打雪仗",玩得不亦乐乎。

活动最后,孩子们主动将报纸纸屑捡起,扔入垃圾桶。本次"户外野趣营"活动,不同于在狭小的教室中,孩子们受到的制约较少,是活动的主动参与者,活动充分发挥了他们模仿动物的想象力、动手能力和创造力。

(案例提供:嘉定区红石路幼儿园　中3班)

(二) 关注发展需求,注重科学指导

教师通过了解本班儿童的运动水平、能力差异,有效整合园内外各类资源;遵循健康教育目标,判断提供的活动环境是否适宜儿童的发展水平;关注儿童的年龄层次差异、活动能力差异、身心发展差异等,创设不同的运动主题、环境及玩法,

促进儿童运动素养的持续提升。

此外,在"自然野趣营"活动中关注儿童的运动品质也十分重要,通过设计丰富多样的野趣活动,努力营造情境化、主题化、个性化的运动情境。如在"城堡大营救"中鼓励儿童在真实的体验中,完成各类运动项目,体验成功的快乐;在儿童遇到困难时,及时通过动作指导、语言指导、身体示范等方式,促使儿童圆满实现运动目标。

案例　户外野趣营活动——城堡大营救

中 4 班的孩子们在北水湾体育公园中开展了一次别开生面的野趣探索活动。在教练指导下,大家迅速分成男生队和女生队。他们撒开脚丫,在草地上迅速奔跑,在蓝色布带下鱼贯穿梭。接着蓝色布带摇身一变变成一艘龙舟,儿童听指令营救小动物。在紧张的营救大战中,有的孩子跌倒,拍拍泥土站起来,继续向前奔跑,力求用最短的时间营救小动物;有的孩子为了多营救小动物,坚持不懈来回好几次……活动不仅让儿童锻炼了勇气,学会了遇到困难不放弃,体会到帮助他人的快乐,更让他们感受到在大自然中撒欢的快乐。

（案例提供:嘉定区红石路幼儿园　中 4 班）

(三) 落实全面观察,保障活动安全

选择运动场地,应充分考虑其安全性。教师在组织活动前,勘查好路线、场地及四周,并与儿童一同探讨是否存在安全隐患以及正确保护自己的方法;结合活动要求,设计与组织具有科学性的热身与放松运动。运动过程中,鼓励儿童克服困难,发展动作,磨炼能力,追求成功,不断积累运动经验,感受运动带来的乐趣,挖掘运动潜能。

三、"自然野趣营"的活动案例

野趣活动中,当儿童被赋予改变的自由和权利,会产生怎样的运动创意和发展? 在自主野趣运动中,轮胎、地垫在大班儿童手中不断变化,让运动场地、运动器械的组合富有了生命力。

案例　　改变,让运动"活"起来

有了地垫、轮胎、宽敞的户外场地,你会和儿童怎么玩? 中规中矩的摆放、整齐排列的路线,这是我和儿童初次活动时布置的场景。这样的布局能满足大班儿童的运动需求吗? 如果不提前预设、不参与布置,儿童会摆吗? 可能会发生怎样的变化呢?

基于这样的思考,今天,我决定尝试一些新改变。

一、看:"活"起来的运动

没有了我的参与,儿童的器械组合变化更多了,运动也"活"了起来。

镜头一:组合"新改变"

户外场景创设中,儿童将海绵地垫和轮胎自由组合,采用平铺、折叠、架空、叠高等方式,并通过改变摆放的位置,让原本单一并列的路线变得四通八达。

镜头二:玩法"新创造"

路线、组合方式的变化,为儿童带来多元动作的尝试和经验积累,在给予儿童自主尝试的空间后,同样的组合方式也能产生不同的玩法和挑战。

二、赞:"活"起来的儿童

教师"放手"之后,儿童拥有了改变的"自由",在运动中更"活"了。

1. 自主来参与,运动品质佳

器械组合、方向的变化,带来了不同动作的可能,儿童主动参与运动、自我调节运动内容,根据场地变化及时调整运动器械,协商解决矛盾,形成良好的安全意识和行为习惯。

2. 自主来调整,挑战"新变化"

减少教师参与,儿童在过程中对场地的"改变"更多了:视频中的儿童先后8次对器械摆放位置、方式进行调整。

改变1	改变2	改变3	改变4	改变5	改变6	改变7	改变8
0'11"	0'31"	1'09"	1'50"	2'22"	2'53"	3'19"	4'24"

男孩发现最高难度的跳跃区并没有难度后,不断改变垫子的位置,从"没有难度"变成"有挑战"。

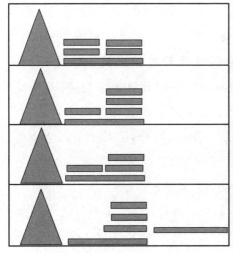

三、问："活"起来的现场

儿童投入运动时，也出现了一些小插曲，让我一度产生疑惑。

插曲一——迎面而来的小伙伴

在"你们都让开！"的呼叫中，男孩连续向前跳跃，然而，迎面而来的小伙伴并没有接收到信息，跳跃在相遇的瞬间戛然而止。男孩提醒之后，双方迎来第二次"交锋"，这次，男孩用动作、语言提醒前方的同伴改变方向，顺利完成了自己的动作。

插曲二——反复倒塌的海绵垫

在中间区域，儿童摆放了一块折叠的小号海绵垫，为防止倒塌在两侧放置了轮胎来支撑，想要尝试两种不同的玩法。然而过程却不那么顺利。

| 第一次挑战
（1'09"）
垫子倒塌 | 第二次挑战
（1'50"）
垫子倒塌 | 第三次挑战
（3'19"）
垫子倒塌 | 第四次挑战
（4'24"）
垫子倒塌 | 第五次挑战
平铺垫子 |

1次、2次……连续4次倒塌，儿童都选择扶起来继续尝试，但垫子还是"不争气"倒下了，最后只好改成平铺……

四、省："活"起来的教师

教师放手之后，儿童在野趣运动过程中产生了诸多"变数"。方向"冲突"、尝试"受挫"的插曲，让我不禁思考：放手之后，我该何去何从？如何做才能既满足儿童自由选择的需要，又推动其自我保护能力和规则意识的培养，同时给予儿童个性化指导？

我想，我也应该在运动中"活"起来！

第一，"激活"分析。想要在野趣运动中"放手"，充分了解是前提。器械的正确使用方式，不同儿童的动作发展，可能产生的问题等,教师需要先于儿童进行"激活",在充分分析的基础上,才能在运动中"胸有成竹"地观察。

第二,"生动"观察。面对儿童的"问题"时,我一度很纠结:"儿童要撞上了,我需要提醒吗?""怎么总是塌下来? 垫子下面的儿童会不会受伤?""要不要去换一下?"在观察到儿童之间的动作相对安全时,我选择等待,最终我也看到儿童对安全、摆放适宜性的经验积累。教师要学会在观察中捕捉儿童鲜活的创造,发现儿童的动作发展和需要,守护儿童的安全。

第三,"灵活"指导。当儿童在运动过程中"活"起来时,教师的指导也要更加"灵活",判断指导方式、思考个性指导需要。当我看到橙衣男孩"光说不练"时,立刻升起一种"聊聊"的念头,但显然,他正在观察同伴的动作,判断自己更适合怎样的方式,这时介入,反而会成为对他自主观察的干扰。

放手,为儿童运动注入"强心剂",为儿童运动带来无限可能;也促使教师在运动中"活"起来。我期待和儿童一起快乐运动,激活成长!

(案例提供:嘉定区红石路幼儿园　陆趣)

教师关注儿童的运动需求,借助海绵垫的多样玩法,使儿童的野趣活动变得丰富而有挑战性。

其一,突出"主体",让运动更显主动。案例中教师重视观察的作用,关注儿童的需求,把握指导时机,基于活动中面对的是大年龄儿童的事实,选择适当"放手"与"等待",让野趣运动产生更多可能。由此而见,在野趣活动中,灵活指导、关注时机,更能凸显儿童主体,让儿童快乐运动。

其二,鼓励"变化",让材料更具挑战。案例中教师虽然仅提供了海绵地垫及轮胎,但也能让儿童在宽阔的户外场地中将地垫与轮胎进行堆叠、架空,创设各种障碍情景进行活动。在保证安全的前提下,将运动选择权交给儿童,让儿童充分发展追逐跑、攀爬、高处往下跳等多种运动能力。同时，教师将材料摆放权归还给儿童，尊重儿童的想法，使简单的材料也变得更加好玩、有趣。

　　其三，接受"失败"，让发展更具价值。儿童之间存在个体差异，"自然野趣营"作为面向集体、小组的活动形式也不外乎此。而接纳儿童的"不成功"正是对儿童个体发展的认可。在"自然野趣营"活动中，除了运动能力的提升，更重要的是使儿童在活动过程中养成良好的习惯和品质。如面对迎面而来的伙伴时，学会及时避让，身体的协调性、灵敏性得到锻炼；垫子连续四次扶正后依然倒塌，儿童不但坦然接受失败，还探索新的摆放方式直至成功，从而发展自我调节能力。

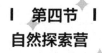

第四节
自然探索营

　　"自然探索营"使儿童走进自然、走向园外,以活动、体验为方式,以园内外自然、社区环境为学习场域,以儿童兴趣、主题经验、资源特点为内容,让儿童经历观察、探秘、发现、捕捉、记录、种植、采摘、饲养、分享等活动环节,在户外真实环境中以小组探究的方式获得真实、立体的探索经验,培养亲近自然、乐于探究、善于表达、富有创造的学习品质。

一、"自然探索营"的内容

　　立足"让儿童与自然共舞"自然探索课程理念,幼儿园打造户外"七园一林 N基地"自然资源,对接各年龄段主题核心经验、兴趣热点,通过园内自然探索活动、园外自然研学活动等不同方式推进实施,具体内容见表4-4-1。

表4-4-1　"自然探索营"的内容与组织方式

场域	活动方式	具体内容		组织方式
园内	班本化户外自然探索活动	植物类	丫丫小菜园	① 主题预设式探秘:教师根据各年龄段主题核心经验,结合当下学习主题,将"学习阵地"有目的地从教室转移到户外,推进补充式学习方式,充分发挥大自然"活教材"的功能。 ② 问题驱动式探秘:儿童在"自然探索营"活动时生成了新问题,教师根据儿童发展优先理念,将产生的问题对照儿童的身心发展及需求进行梳理判断,生成由儿童发起的探索内容,支持儿童在问题驱动下进行主动学习。
			丫丫百草园	
			丫丫小花园	
			丫丫小树林	
		动物类	丫丫萌宠园	

场域	活动方式	具体内容		组织方式
		科学类	丫丫水乐园	③ 综合链接式探秘:"自然探索营"的活动时间一般为两周左右,在活动的同时,链接其他途径丰富儿童的探索经历,加深儿童的活动体验,提升儿童的全面发展。
			丫丫光影园	
		艺术类	丫丫艺美园	
	自然探索集体/小组学习活动	以自然资源、儿童共性经验、热点问题为契机,设计实施集体学习活动		由分散活动中的共性经验和问题生成高结构集体学习活动,将儿童的探索经历与兴趣问题建立关联,开展基于儿童经历的集体教学活动,如"迷宫寻宝""植物长大啦""我的菜园地图"等。
园外	自然研学	阶段自然研学活动(每学期1次)		结合主题活动、儿童自然探索的兴趣热点和需求,选择适宜的园外场域,通过自主计划、共建筹备等,支持儿童进行深度探究和体验。
		班本自然研学活动(根据班本实际需求)		

"自然探索营"以低结构活动与高结构活动融合渗透的方式推进,以自然资源为载体,立足儿童兴趣、问题需要,满足儿童自主计划、探索体验,支持儿童在丰富的深度探究经历中感知自然、理解自然,在大自然的陪伴下,生发持续学习的兴趣、动力和能力。

二、"自然探索营"的活动实施

作为自然探索课程实施途径之一,"自然探索营"突出园内外自然资源的运用与儿童在真实环境中立体的学习活动,强调儿童的真实探索与体验,是对室内学习形式的补充与拓展。

"自然探索营"分为园内自然探索活动和园外自然研学活动,活动形式重在自然探索的发现与表现,如:闻香实验、菜园探秘、昆虫研究等。(见图4-4-1)

园内自然探索活动每月开展1—2周,或根据儿童的实际需求,以"七园一林"为阵地,连续开展活动,运用课表安排中的个别化学习时间,确保活动的充裕、经验的连续。教师分析儿童的兴趣和资源特点、主题核心经验,观察儿童的探索需要,师幼共同探讨设计活动方案,确定探索工具类、辅助材料类、信息工具类材料;必要时小组低结构学习与集体高结构学习之间会根据儿童的问题、需求进行转换。

园外自然研学活动以阶段性、班本性为特点,通常频率为每学期1次,结合班本探索及主题推进需求,以"N基地"为阵地实施,自主计划后会利用家园合作的方式推动研学活动开展。

"自然探索营"在"观察—发现—探究—再观察—再发现—再探究"的良性循环中,形成儿童与教师、儿童与儿童之间的互动共建,在探索经历的前、中、后不同阶段,呈现不同的共建方式与内容。(见表4-4-2)

表4-4-2　"自然探索营"的共建方式与内容

活动阶段	共建方式与内容
探索活动前	倾听、甄别儿童有价值的问题与建议
	尊重儿童,与其一同创设探索玩法与规则
探索进行时	观察、识别儿童的探索行为
	回应、满足儿童的探索需求
	支持、推动儿童发起的活动
	适度介入、启发儿童如何更好玩
	合理调整、优化探索环境与材料
探索活动后	欣赏儿童、肯定努力
	同伴互学、收获认同
	关注个体差异:对话不同发展水平的儿童
	参与解决问题/矛盾的过程、一同迎接下一次挑战

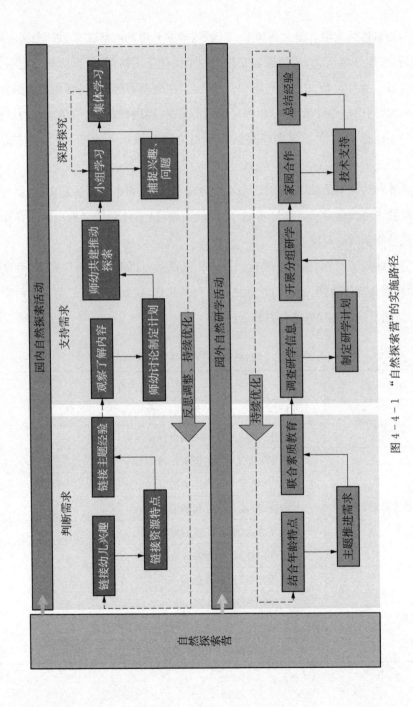

图 4 - 4 - 1 "自然探索营"的实施路径

作为自然探索课程实施的重要途径，"自然探索营"坚持顺应天性、遵循规律、尊重差异的教育观，以培养儿童"亲自然，乐探究，善表达，会创造"品质为目标，强调以儿童为主体的自主观察和探索，以及教师适时适度的支持和引导。

(一) 着眼儿童需求，让探索更自信

户外活动带给儿童更广阔的空间、更充裕的时间，但带给儿童的可变因素也明显增多。面对儿童需求的差异，我们转变组织方式，从全部由教师分析、设计的做法，改变为让不同儿童"卷入"内容共建，尝试与儿童共同设计可探索、有留白的"自然探索营"活动，为不同能力的儿童提供探索机会，共同在原有基础上得到发展，如儿童可在"自然探索营"中自由地建造属于自己的专属花园。

案例　共设、共创、共享"我们的专属花园"

当谈论起如何建造全新小花园时，儿童进行了讨论：

小刘："我们来设计一个新的小花园，小花园里可以有什么？"

小李："我想设计一个公主花园，里面可以有公主标志。"

小刘："我也想造个公主花园。"

冒冒："公主花园是你们女生做的！我看到过喷泉花园，我想造喷泉花园。"

希希："我也看到过，我也想造喷泉花园！"

当我看到儿童产生了不同想法时，我说："那你们可以分组合作，各造一个小花园吧！"于是，儿童分成公主花园组和喷泉花园组。他们开始设计自己的专属花园。

……

刚开始，儿童在讨论如何设计小花园时，教师退后，倾听不同的需求,有效地将问题层层推进;讨论时间过半后,教师适时引导儿童实地参观并进行调查,经过有效调查和收集有效信息后,儿童转变成活动发起者。当儿童出现不同意见、争执不下时,教师适当介入,引导儿童分组进行活动,让意见一致的儿童进行共同探索与设计,更好地激发他们的探索动力。

在设计小花园的过程中,儿童尝试了多种设计方法,如可以把花摆出爱心形状、用家里不用的自行车装扮小花园。儿童经过互动讨论和尝试之后,发现同伴的方法各有各的优点,从而习得同伴的好方法,促进自身学习能力的提升,收获学习自信。

(案例提供:嘉定区红石路幼儿园　万皓)

(二) 呵护儿童兴趣,让探索更主动

兴趣是儿童最好的老师,也是儿童学习的最佳动力。在"自然探索营"活动中,儿童的角色发生了改变,成为学习的主人。而教师的预设也多了一份等待,除了做材料支持者、倾听陪伴者外,更关注源于儿童兴趣的内容生成,不急于引导,从而激活儿童的探索潜能与探究愿望,呈现出浓郁的学习味道!如在儿童产生"两种驱蚊水一样吗"的疑问时,教师将生成的问题变为互动的主题,凸显儿童的主体地位。

案例　儿童生成——"两种驱蚊水一样吗?"

小羽指着两种不一样的薄荷说:"你看,上次我们发现这里有两种薄荷,一种叫美国薄荷,一种叫麻叶薄荷。"筱博用放大镜看了看,又用鼻子闻了闻,说:"它们长得不太一样,但闻起来味道好像差不多。""那我们用哪种做驱蚊水呢?""有了,我们可

以像做自然角紫甘蓝实验一样,做一号瓶和二号瓶。就是你做一种,我做一种,看看有没有什么不一样。"筱博想出了办法。于是二人各自剪下两种薄荷叶,回到座位,把薄荷叶放在石臼里捣碎。接着,小羽在纸上写下数字"1"和"2",剪下分别贴在两个小瓶子上。

在分享交流环节,小羽和筱博向大家介绍了自己的驱蚊水。

"这两种驱蚊水一样吗? 都可以赶走蚊子吗?"顺顺举手问道。

"顺顺很会提问题,那么大家来想想办法,怎么比较这两种驱蚊水的防虫效果呢?"我把问题抛回给了儿童。

A:可以把驱蚊水涂在身上,看看哪组朋友放学前被蚊子咬得多。

B:可以喷在蔬菜上,比比看喷了哪种驱蚊水的蔬菜不会被虫子咬。

C:闻闻看就知道了,哪瓶驱蚊水味道更浓,驱蚊效果就更好。

我的思考

第一,生成内容符合儿童兴趣。儿童在制作驱蚊水、集体分享交流的过程中展现了良好的学习品质,这正是因为生成的内容是他们感兴趣的。主要体现在:

善发现:两名儿童在挑选驱蚊水原料时,运用看一看、摸一摸、比一比等多种方法,仔细观察、辨别两种不同的薄荷叶。

能迁移:当两名儿童在制作过程中遇到困难,决定不了选择哪种薄荷时,他们并没有急于寻求老师的帮助,而是通过对室内个别化课程"紫甘蓝"实验进行经验迁移,自己解决问题。

敢提问:在分享交流环节,顺顺勇于提出自己的问题,引发生生互动,让儿童有进一步的发现和假设。

第二,师幼共建满足儿童需求。从两名儿童"信息收集—挑选原料—尝试制作—观察比较"的过程中,我们可以看出大班儿童具有一定自主规划、小组合作的能力。当我们将话语权交给儿童,接纳儿童想法后,教师和儿童的角色也在悄然转变。从探索话题、活动计划到小组选择、材料收集,儿童全程参与,成为学习的主人。教师作为环境、材料支持者,探索过程的观察者、参与者和推动者,从台前走到幕后。

(案例提供:嘉定区红石路幼儿园　巢莹)

(三) 激活儿童天性,让探索更自主

"自然探索营"尊重儿童的权利,重视顺应儿童的天性,使儿童了解未知世界的过程更为直观具体,有利于激发儿童学习、探索的欲望。此时,教师的作用在于通过激励和支持,让儿童的内心需求和兴趣爱好充分表达表现,让儿童的学习探索过程更显自主、快乐。

三、"自然探索营"的活动案例

实践证明,"自然探索营"的活动充满快乐、自由且蕴含着种种未知的奥秘,具有不凡的意义。在园内"丫丫百草园"探索时,当儿童产生教师预设之外的问题时,教师借助问题"诱童深入",成就了儿童与薄荷的深度邂逅。

案例　谁咬了薄荷?

背景

"丫丫百草园"里种着一大片薄荷,儿童对它们充满兴趣:薄荷闻起来"很清凉",有着凹凸的纹路和像波浪的花边,叶子的背面有许多毛毛……"神奇的薄荷到底有什么用?"围绕着这个问题,儿童通过摸、看、闻等方式了解到了薄荷驱蚊的功效,

尝试着收集薄荷叶制作起驱蚊水、驱蚊贴、薄荷精油这些衍生产品。就在儿童"沉迷研究"时,一个意外发现打破了平静。

问题:驱蚊的薄荷被咬了?

一天在交流分享时,小豆提出了自己的新发现:"我发现薄荷叶上全是洞洞,它们可能被咬了!"可是这个观点却引来了伙伴们的反对:

"不可能! 薄荷是驱虫的,虫子不喜欢吃!"

"会不会是薄荷生病了?"

"可是这些洞有点像牙齿咬过的印子!"

"跟自然角里虫子咬过菜叶的印子有点像!"

儿童的经验建构是不断积累、打破重构的过程。"驱蚊的薄荷竟然被咬了",这一矛盾点打破了儿童原先对薄荷的认知与经验,何尝不是一次探索发现的新契机?"薄荷到底怎么了?"我将这一问题再次抛给儿童,由此开始了新一轮探索。

发现：破坏薄荷的真凶

连续几天,孩子们"蹲守"在薄荷周围,很快,薄荷叶上跳动的身影引起大家的注意:"老师,我在薄荷上发现了蚱蜢。"

"真的有好多蚱蜢在上面!""会不会就是它们吃的薄荷呢?"

大家正为新发现高兴,我趁热打铁抛出了新问题:"蚱蜢在薄荷田里跳来跳去,就一定是它们咬了薄荷吗?"

"把蚱蜢养在观察盒里,看看它们吃不吃薄荷叶子就知道啦!"

经过几天的观察,孩子们发现,放入蚱蜢观察箱的薄荷叶满是洞洞,原来驱蚊的植物也会被虫子咬,也会生病,蚱蜢真的会吃薄荷。

在"寻找真凶"中,借助问题推动,儿童经历了一段"大胆猜想、小心求证"的过程,最终找到了"蚱蜢"这个真凶。然而这位不速之客却是前不久自然角的"新客人",在搜索资料后我了解到,蚱蜢有益又有害,它是农业害虫,对庄稼、植物有伤害,同时它又具有药用价值。这些知识儿童怎么去了解呢?

冲突：抓? 不抓?

那么,蚱蜢抓还是不抓? 在我思考下一步计划时,一场辩论已经在儿童不一样的声音中开始:

"蚱蜢是蝗虫、是害虫,它们会吃农民伯伯辛苦种出来的稻子。"

"我听妈妈说,蚱蜢是一种中药,可以治疗咳嗽。"

"可是它们会吃掉我们的薄荷,要把它们抓起来!"

"蚱蜢是小鸟的食物,我们可以抓给'丫丫萌宠园'的小鸟吃。"

"把它们赶走,放到外面的草地里。"

······

辩论结束,经过一段时间的户外观察,大家发现薄荷叶上的洞洞越来越多,薄荷叶上跳动的身影也越来越明显。大家又对捕获的蚱蜢进行了识图扫描,确定蚱蜢类型为短额负蝗,它是一种在我们中国分布较广的害虫,不仅会危害薄荷,还会影响我们园子的其他植物。因此,大家决定:把它们收集起来,保护薄荷田。

当我们走进大自然,会发现实际情况远比我们想复杂得多,在这场冲突中我听到了儿童的真实想法,看到了儿童在问题冲突中深入思辨、重构经验的过程。

探索:一场有计划的捕捉

看着"受了伤"的薄荷,孩子们带上捕虫网、昆虫盒,在薄荷田里寻找蚱蜢。然而蚱蜢并没那么好对付,在实际作战中大家还是碰了壁,面对这位"矫健"的"凶手",孩子们又会怎么解决呢? 他们一起讨论:

"蚱蜢怎么总是逃走呢?"

"蚱蜢跳得飞快,总是抓不到!"

"蚱蜢是绿色的,我们要走得很近才能找到。"

"有什么办法可以不被蚱蜢发现,又可以抓到它们吗?"

"做个捉虫器藏在薄荷里面。"

"蚱蜢会隐身术,我可以在夹子上涂上一层绿色再靠近它们,这样就不会被发现了。"

……

孩子们不断尝试,找到了许多新的解决方法。

康康率先提出他的想法,利用思维导图的方式记录蚱蜢在"丫丫百草园"中的行动轨迹,为作战提供强大的数据支撑。而轩轩正在尝试新的抓捕工具,他利用粘贴材料和树枝制作了具有黏性的捕虫器。小豆则另辟蹊径,利用可折叠的纸板做了一个抓捕手臂,提高工具的灵活性。儿童在失败中积累经验,在实践中不断学习,在捕捉到许多蚱蜢后,大家对蚱蜢继续进行观察与饲养,以进一步了解蚱蜢的生活习性。

案例思考

儿童是好奇好问的,在丰富的自然环境资源中,常会出现各种"火花"。怎样对待这些"火花",使它们能持续燃烧? 不要直接左右儿童的想法,让他们带着问题去探索、去思考,逐渐积累解决问题的方法和经验,在"发现问题—评价反思—解决问题"的循环过程中主动学习。"薄荷被咬"事件让我看到了儿童不一样的学习经历,看到他们个性化的思维方式,也让我对在户外个别化学习中,利用"问题"推动探索活动深入进行有了新感悟:

第一,热点问题,给儿童多一点机会。当问题到来时,不要急于帮儿童找到答案,可以抓住问题抛回给儿童,把答案交给时间,把探索交给儿童。"究竟是谁咬了薄荷?""蚱蜢出现在薄荷里就一定是它咬的吗?"看似已经有答案的问题,却让儿童在观察、比较中慢慢寻找着心中的答案,寻找答案的方法和对待问题谨慎的态度远比答案本身更有意义!

第二,关键问题,给思考多一点时间。当新的问题与原有认知结构出现不平衡的状态时,儿童在与同伴相互讨论中,进行认知经验重新建构,这也是儿童思维的发展过程。在观察中,教师敏锐地捕捉"关键问题",引发儿童的经验冲突:蚱蜢抓还是不抓? 怎样衡量蚱蜢"有害"还是"有益"? 无论是教师还是儿童,都需要充足的思考时间。基于"薄荷叶洞洞越来越多"的现象,最终达成赶走蚱蜢的共识。

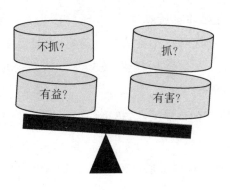

　　第三,探讨问题,让探索多一点空间。问题是儿童探索的驱动,当儿童设法解决问题却无法成功时,教师又该怎么办呢?走到儿童身边,适时提出问题,推动他们思考,鼓励他们尝试运用多种方法去解决心中的疑问。

　　面对蚱蜢的灵活,借助问题的互动讨论,从实践出发,不去纠结结果的成功与否,让儿童大胆尝试,多留一点空间给儿童去自主探索,远比直接告诉他们答案,再要求他们去探索更让他们受用无穷。

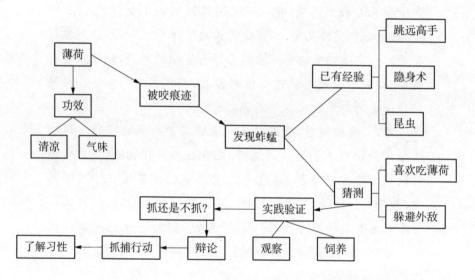

　　儿童和蚱蜢的故事只是薄荷田里的一个小插曲,在这里每天都有许多有趣的事情在发生,我还将跟儿童一起去探索更多的"第一次",寻找来自儿童的有趣问题,支持他们的深度学习!

　　　　　　　　　　　　　　（案例提供:嘉定区红石路幼儿园　毛雨双）

　　教师从"薄荷被咬"的问题入手,借助问题情境的持续探索,支持儿童主动学习。

　　第一,观察入微——看到需求。案例中,教师尊重儿童的需求,善于观察儿童。通过倾听儿童的想法,观察儿童的活动状态,及时追随生成的新问题,与儿童一同经历经验重构的过程。从讨论被咬的薄荷、发现"真凶"、解决冲突,一直到计划捕捉行动,教师不断助推儿童沉入主动学习、深度学习的探索过程中。

第二,识幼而行——感悟问题。教师能抓住儿童的热点话题,在分析儿童已有经验的基础上链接核心经验,推动驱动性问题产生——"谁咬了薄荷"。在驱动性问题引领下,儿童通过自主探究生成"抓 OR 不抓"新问题,通过一次次分享、讨论、辩论、体验,不断积累经验,产生真正有意义的学习。

第三,信幼而思——适度指导。案例中,教师充分发挥支架的作用,做出了适时适度的指导。当问题来时退后等待,伺机抛问;遇关键问题时,给足时间;计划实施时,留足空间……相信每个儿童都是有能力的探索者。可见,教师应坚持以儿童为主体,强调学习者的个性化学习与合作学习,重在挖掘和调动儿童主动学习的潜力。

Ⅰ 第五节 Ⅰ
自然亲子营

　　"自然亲子营"是指运用家庭、社区资源让儿童走进自然的亲子探索活动,通过有计划地观察、探索、实验、表现等,促进儿童对周围事物的敏感度以及探究兴趣。

　　"自然亲子营"以班级家庭为单位自发组织,根据儿童的身心发展规律和学习需求,利用周末或节假日以家庭小组合作的形式,挖掘园外适宜的自然资源,和儿童共同确定相关的学习目标,启发、引导儿童在与自然环境和材料的互动中探索、体验和发现,在实践中发展思维能力、探究能力,提升学习品质。

一、"自然亲子营"的内容

　　随着"自然亲子营"活动的深入开展,抛开资源表象,我们思考各类资源特有的属性,把"自然亲子营"活动与环境、主题经验等进行深入链接,为儿童的探索学习提供了更多的空间和可能,真正发挥资源的教育价值和课程价值。为此,我们对社区资源及其价值进行分析和梳理,为"自然亲子营"活动提供支持。(见表4-5-1)

表4-5-1　"自然亲子营"的社区资源

类别	社区资源	资源价值分析
植物类	汇龙潭、秋霞圃、社区公园、紫藤公园、菊园百果园、沥江生态园、外冈蜡梅园、外冈	不同生态自然场域,包含四季蔬果、树木、花草等,儿童可以与大自然亲密接触,体验劳作的乐趣,收获农味十足的幸福。

续表

类别	社区资源	资源价值分析
	万亩农田、嘉北郊野公园、安亭农业生态园、惠和种业有限公司、华亭哈密瓜主题公园	
动物类	华亭人家、沥江生态园、浏岛野生动物栖息基地	可互动、直观的家禽、家畜等动物资源,可供儿童近距离观察、互动体验,萌发喜爱之情。
水类	远香湖、环城河、社区池塘	感知了解生活中的水资源,对河道、水域周边的环境变化产生探究愿望。
气候类	气象局科普馆	综合性气象科普教育基地,向儿童普及气象科学知识、提高防灾减灾意识。
城市人文类	西大街、州桥老街、嘉定博物馆、嘉定汽车博物馆	丰富多元的人文经验、历史文物资源,使儿童在行走、观察中感知、比较城市的发展变化、带给生活的变化。

　　表中,我们根据社区资源的特点和学习价值,将资源分为植物、动物、水、气候、城市人文五大类,让儿童、家长、教师能更有针对性地选择场域。

　　同时,围绕各年龄段特点,通过对教师、家长进行问卷调查、实地考察等形式,对园外的自然资源进行调查和梳理,对接资源与主题特点、四季变化以及儿童生成的探索兴趣和问题,建立有效的园外自然课程资源,便于教师、家长了解、提取和运用。(见表4-5-2、表4-5-3、表4-5-4)

表 4-5-2 "自然亲子营"自然资源汇总表(大班)

链接主题	自然资源	活动提示
有趣的水	1. 金山海滩、崇明海边 2. 汇龙潭、秋霞圃、环城河等公园 3. 户外喷水池	1. 观察大海,如:寻找沙滩中特殊的物品等。 2. 在海边嬉水,感受水的秘密。 3. 在河边或池塘边,观察水中倒影。 4. 参加保护水资源的活动,如:"淡水用处大""自来水和污染水"等。 5. 探秘喷水池的活动。
有用的植物	1. 浏河营地、百果园、沥江果园 2. 社区花园、汇龙潭、秋霞圃、上海植物园、华亭人家、菊园惠和种业公司等 3. 农村田野、农村河滩	1. 挖红薯,采摘橘子、猕猴桃等。 2. 了解常绿树和落叶树,测量大树,学做"小小护绿员",了解能保健和会治病的植物,了解温室蔬菜及蔬菜的不同种植方法等。 3. 春天播种、插秧、植树、拔茅针、拔花生、剥粽叶等;秋天割稻、捡稻穗等。
春夏和秋冬	1. 北水湾体育公园、远香湖公园、金仓湖等 2. 户外雨天	1. 放风筝、"和风捉迷藏""寻找四季印记,感受四季变化"等活动。 2. 了解四季的树和花等。 3. 参加收集雨水活动,了解水形态的变化。
动物大世界	野生动物园、上海海洋馆、上海自然博物馆等	了解动物的不同家园和本领;了解海洋里的动物;了解恐龙演化。

表 4-5-3 "自然亲子营"自然资源汇总表(中班)

链接主题	自然资源	活动提示
在秋天里	外冈万亩良田、北郊公园、汇龙潭菊花展等	参与捡落叶、采松果、稻田收获、捉秋虫、赏菊等活动。

续表

链接主题	自然资源	活动提示
好吃的食物	菊园惠和种业公司、农村蔬菜园	认识常见的蔬菜并采摘。
春天来了	社区公园、嘉定工业区胜辛合作社百亩竹等	参与找春天、挖竹笋、挖野菜、采桑果等活动。
寒冷的冬天	1. 外冈蜡梅园、崇明水仙花实验基地 2. 上海动物园等	1. 了解不怕冷的花和树。 2. 寻找动物过冬的方法。
在农场里	野生动物园、沥江果园农场	1. 参观动物园,关注动物的不同特征,比较异同。 2. 参观沥江果园农场,了解家禽和家畜的不同生活习性等。
火辣辣的夏天	1. 陈家山公园、远香湖公园 2. 户外	1. 观赏荷花。 2. 寻找彩虹。
水真有用	户外江河、池塘等区域	开展找水大行动。

表4-5-4　“自然亲子营”自然资源汇总表(小班)

链接主题	自然资源	活动提示
动物的花花衣 熊的故事	上海野生动物园、上海动物园	了解黑白皮毛的动物。
小兔乖乖 学本领	沥江果园农场	观察了解农场里家禽、家畜动物。
小花园	辰山植物园、紫藤公园等	参与找春天活动,了解春天的花和树。
苹果和橘子	沥江果园农场、浏河营地等	采摘苹果和橘子。
好玩的水	金山崇明海滩边	参与戏水活动。

通过表格梳理,教师、家长在选取活动场地时能够根据活动目标,有目的地进行选择,表中也给到大家一些活动提示,给予家长开展活动的多种思路,提高"自然亲子营"活动的价值。

二、"自然亲子营"的实施

"自然亲子营"以家庭小组合作的形式,带领儿童走进自然,在开放的大自然、大社会环境中,通过与环境的直接互动与真实体验,进行自我探索、自我学习,最大化激发探究精神,从而获得直接经验,形成健康的情感态度和价值观,促进身心的全面健康发展。

幼儿园和家庭、教师和家长之间本着相互尊重、相互配合、共同努力、协同教育的原则,共同担负起培育儿童的责任,共同开展促进儿童健康成长与全面发展的双向性、经常性、全面性的合作活动。同时通过开发、利用自然资源,也对幼儿园现有课程资源给予补充和拓展,使固定静态的课程资源变成更凸显儿童兴趣与需要的动态变化的生本资源。

(一)"自然亲子营"的组织方法

"自然亲子营"由家庭发起,在组织过程中,活动主题、组织形式等都为家长、营长带来挑战。对此,我们通过多次活动反馈、儿童访谈等,对儿童喜爱的活动方式、营长可用的组织方法进行了梳理,形成《"自然亲子营"的组织方法示例》。(见表4-5-5)

表4-5-5 "自然亲子营"的组织方法示例

故事教学法	结合相关的自然资源内容,通过绘本故事,引发儿童探索学习的兴趣,启发其思考、直接从故事中理解含义。如:秋天,大班到汇龙潭开展了"枫叶探秘"亲子探索活动,营长在活动前通过绘本故事《为什么树叶会变色》,引发儿童的探索兴趣,从而让儿童在探索中进一步了解大自然的奥秘。

游戏体验法	将活动和游戏巧妙融合,以游戏的形式把知识性、趣味性和教育性融为一体,激发儿童的学习兴趣,使其在轻松愉快的氛围中探索大自然的奥秘。如:大班儿童对空气产生了兴趣,但空气看不见、摸不着,为了让儿童感受空气就在我们身边,营长在活动中设计了"抓空气"的游戏,儿童从保鲜袋的变化中感受到空气无处不在。
情境表演法	在亲子探索活动中,营长结合儿童的年龄特点有目的地引入或创设具有一定情绪色彩的、以可触形象为主体的生动具体的场景,以引起儿童一定的态度,从而帮助儿童理解探索内容,并使儿童的心理机能得到发展。如:小班到农场采摘番茄,为让儿童了解小番茄的知识,营长在活动中融入了皮影戏表演的元素,让儿童在情境中直观了解到番茄的来历等知识,激发了他们继续探索的愿望。
分享交流法	结合儿童对周围世界探索的经验,家长和儿童之间、儿童和儿童之间相互交流沟通、相互启发补充,分享彼此的发现、思考及情感,从而实现共识、共享、共进。

　　通过实践和梳理指导,从初期以郊游、野餐拍照的单一组织到充分灵活利用自然资源,以儿童喜闻乐见的形式开展"自然亲子营"活动,活动组织更立足儿童主体,流程更清晰,活动方式更丰富,儿童的投入度更高,赢得越来越多家长和儿童的喜爱。如爱国教育活动"石童子的故事"中,营长使用了故事教学法,让儿童深深领悟了石童子的舍己为人、勇敢和正义;秋收活动"拔萝卜"中,营长带着儿童来到百果园体验拔萝卜,感受农民伯伯的艰辛和秋收的快乐。

(二)"自然亲子营"的指导策略

　　"自然亲子营"活动的组织与实施,除了营长的发起与设计,参与活动的家长与儿童的互动指导也必不可少。教师、家长、儿童在对话、互动中,梳理形成有效的指导策略,在互相协商、支持中形成教育合力,支持儿童快乐体验。

1. 教师对家长的指导策略

为构建学习共同体，提高家长指导能力，我们形成了"支持—输出—评价"指导策略。

其一，方法性支持策略。以观摩、案例学习等不同手段，从开放性、丰富性角度，全面指导家长，使家长获得有助于亲子探索的育儿方法。

其二，输出性指导策略。引导家长将培训学习中获得的经验运用于亲子探索活动中，并提供有效的实践案例。

其三，评价性指导策略。针对活动的实效进行反馈性评价，其意义在于建立家长与儿童发展之间的链接，并在今后的活动中更好地推广和运用。

2. 家长对儿童的指导策略

"自然亲子营"活动突出了家庭教育的重要性，因此，家长在活动中的指导策略也非常重要，目前，通过实践形成了"观察—倾听—支持"指导策略。

一是观察指导策略。活动中，家长尝试退后、放手，细心观察儿童在活动中的投入度、与同伴的互动、碰到的问题等，尝试对儿童的行为进行解读。

二是有效倾听策略。关注儿童在活动中的寻常时刻，耐心倾听他们在活动中的发现，鼓励他们对某一自然现象质疑、发问。

三是支持性回应策略。活动中，家长灵活运用多种方法，关注、鼓励、支持儿童探索，并能尊重儿童意愿，采用共同商议、讨论的策略，凸显儿童的经验地位。

三、"自然亲子营"的活动案例

当儿童听着"谁知盘中餐，粒粒皆辛苦"，询问"大米从哪儿来"时，你会怎么做？当儿童手拿镰刀却不忍心割断秧苗时，你会是怎样的感受？

源于儿童对秧苗的期待和对稻谷的好奇，借助嘉北郊野公园水稻田，家长陪伴儿童播种、插秧、定期观察、收割稻子，共同经历了稻子的一生，感受收获的快乐、体验粒粒皆辛苦的幸福。

秋天到了,我们在春天5月栽种的绿色秧苗,变成了金色,吸收了太阳的颜色,可是我们吃的大米是白色的啊,稻子如何变成大米的呢?

2021年第一学期的"自然亲子营"中,我们续写春天的基于水稻的田间探索(插秧)主题,全生命周期地跟踪了稻谷的成长,真正见识了大米的一生。袁爷爷说人就像一粒种子,要做一粒好的种子,身体、精神、情感都要健康。种子健康了,事业才能根深叶茂,枝粗果硕。

本次活动大5班共有2组家庭参与。活动中,我们带着孩子们潜入金色的麦浪中。远处蔚蓝天空下,涌动着金色的麦浪,其中是忙碌的孩子们。此次活动,我们终于见证了大米是怎么来的。大米在这一生中都经历了什么?留下了什么?大米是快乐的吗?让我们和孩子们一起去体味一下吧。

一、稻谷离开了大地,大米获得了新生

自从春天和孩子们一起插了秧苗后,孩子们就开始了对大米成长过程的记录:第一个月秧苗长高了;第二个月秧苗不仅高了还长出了绿色的麦穗,听农民伯伯说这是水稻的抽穗期,是水稻从抽穗到谷粒成熟的时期,这个阶段正是稻粒灌浆壮籽形成的结实期,是决定稻穗结实粒数多少的关键时期,籽粒形成的多少直接影响到水稻的产量;第三个月绿色的麦穗逐渐变成了黄色,这是稻谷的成长期,过了这个时期就可以看见金灿灿的麦穗了;第四个月终于看到了金灿灿的麦穗了。孩子们每天都在问:什么时候可以去割稻子?在10月1日这一天,我们一起带着镰刀出发了,孩子们雀跃着,因为终于可以收获自己种的大米了。但是来到稻田,孩子们犹豫了,仰着小脸问:如果我们把它们割下来,它们会疼吗?它们没办法在地里生长,会不会就死了?看着孩子们换位思考,我们很欣慰,但是我们也要告诉孩子们生命的每个阶段都要有它的使命,稻谷这个阶段的使命已经完成了,它努力地成长为了自然中最耀眼的金色,它的体内续存着生命的原动力,带着这份原动力它将变成大米,为人们提供能量,所以稻子即将获得新生啊。孩子们听了,也不再犹豫,拿起镰刀,走进麦田,蔚蓝的天空下,窜动着一个个小脑袋,他们正在为每一粒米的出现而努力。

二、孩子们摔打与研磨后……

稻子收割好后,进入脱粒环节,中国最早的脱粒工具为连枷和石磙,前者是靠人力敲打脱粒,后者是用人力或畜力拉动石磙碾压脱粒。我们这次为了让孩子们感受脱粒的过程,采用了摔打的方式,但是没有借助连枷,小朋友手扎一束稻子,用力摔打在木槽当中,谷粒在大家的共同努力下,一粒粒堆积起来,成了一座小金山。

大米就在金色的谷粒里面,孩子们将谷粒放入研磨器中,费力地研磨着,但是即使用尽了全身的力气,也才得到了糙米,要想得到白白的米粒,好像还要研磨很久……

是啊,小小一粒米积累了种种力量与辛劳才能成为人们碗中赖以生存的力量源泉,成长也是,宝剑锋从磨砺出,梅花香自苦寒来,也正是这一份经历才能让它更加香甜。我们的宝贝未来的路还很长,他们未知的探索还很多,所以宝爸宝妈们,让我们一同去鼓励我们的宝贝努力尝试,不畏输赢,感受过程吧,因为只有自己真正经历了,才会真正感悟,才会丰富自己的人生。

(案例提供:红石路幼儿园大 5 班　孙祺凯妈妈)

嘉北郊野公园是幼儿园周边的户外自然场域,活动在儿童与家长共同讨论、计划下顺利开展,儿童在收获中体会粮食的来之不易。"找'稻'幸福——续写'向袁隆平老爷爷致敬'"充分展现了立足儿童发展的"自然亲子营"关注儿童视角,主要体现在:

第一,充分利用户外资源,拓展儿童的生活和学习空间。此次"自然亲子营"活动来到嘉北郊野公园开展,利用公园得天独厚的水稻田资源,让儿童走出围墙,在自然、真实、开放、多层次的认知和探索空间中积极探究、感受体验,获得身体活动和心理活动的实际感受,使儿童获得更直接的经验。

第二,尊重过程体验,获得真实经验感受。从过程中可以看出,儿童每一次探索都源于问题"大米是怎么来的?"而展开,在活动中,在"什么时候可以割稻子?""割下稻子会疼吗?""稻子怎么变成白色的大米?"等一系列生动问题的驱使下,儿童的探索欲望被一次次地激发,从而了解了稻子的成长过程,感受农民伯伯们种植稻谷的辛苦,体会粮食来之不易,萌发了爱护植物、珍惜粮食的情感。通过"自然亲子营"的开展,儿童获得了在课堂中无法获得的经验体会,对幼儿园现有课程资源、主题经验获得给予了补充和拓展,让儿童获得更全面、更真实的经验和感受。

第三,开发与实施园外资源,促进幼儿园内涵发展。经过一次次生动的案例实践和总结,幼儿园"自然亲子营"活动越来越能体现儿童视角,让儿童有机会看到、听到、接触到更真实的精彩世界。我园资源库也在日渐厚实,主题活动不断增加,促进幼儿园内涵发展。

第六节
自然发布会

"自然发布会"是聚焦儿童自然探索经历和体验,为儿童搭设分享探索经历、探讨自然奥秘的表达平台。以个体、小组、集体为单位,鼓励儿童通过作品成果展示、讲述探索故事、分享探索发现等方式,展示在园本特色自然探索活动中积累的各种认知经验、能力方法、情感体验,促进儿童乐表达、善表达。

一、"自然发布会"的内容

"自然发布会"主要通过语言介绍、作品呈现、舞台剧表演、集市展览等方式,给予儿童一个属于自己的成果分享舞台。从发布内容和方式来看,大致包含三类:

一是,自然探索"成果秀"。借助"七园一林 N 基地",儿童在自然探索过程中会有许多作品和成果产生,如探索过程中制作的小发明、"丫丫艺美园"艺术创作作品、成功种植并采摘的蔬果等,通过作品、成果展示与发布,与伙伴们一同分享成功喜悦。

二是,自然探索"趣发现"。在自然探索过程中,儿童通过问题发现、资料查询、现场探索等一系列活动,发现大自然中有趣的现象、科学秘密等,如:叶片的奇妙味道、光影的有趣折射、小兔的生活习性等。这些有趣发现的信息发布,有利于激发儿童的探索兴趣,培养儿童主动学习的优良品质。

三是,自然探索"小故事"。在自然探索中,同伴之间合作探索总会产生许多有趣故事。儿童通过情景故事演绎、舞台剧表演等方式,能够生动展现主动探索、收获成果的喜悦。

二、"自然发布会"的实施

"自然发布会"每月开展 1 次,立足儿童的探索经历,关注儿童的分享需求,以个体、小组、班级为单位自主发布。儿童自主讨论发布内容,设计发布方式,分享探索经验和智慧。教师观察儿童的发布需要,支持互动讨论,提供发布的平台、媒介、辅助材料、信息工具等支持,为儿童自主发布提供时间、空间的保障。

"自然发布会"的内容来自儿童在自然探索活动中的成长、故事和发现,借助"自然故事会""自然小广播"两种发布形式,让儿童有选择地进行发布。为了让教师更清晰地了解发布会实施过程,我们绘制了"自然发布会"的实施路径图。(见图 4 - 6 - 1)

"自然故事会"旨在关注儿童的探索经历,满足儿童的分享愿望;"自然小广播"则注重拓展分享通道,支持儿童的表达需要。在此过程中,儿童通过自主讨论发布主题、内容、方式,自主准备,教师则为儿童提供分享机会,支持儿童分享准备,与儿童共建分享经历。

"自然发布会"注重环境创设,通过儿童自主商量发布内容、发布形式,使儿童逐渐具备良好的语言能力、语言自信和语言习惯。儿童在自我经验梳理中得到经验提升,在发布会过程中,个体经验上升为群体经验,是引导儿童回顾与反思学习过程、梳理与提升学习经验的有效途径。

(一)立足探索经历,尊重真实体验

"自然发布会"的内容源于儿童在户外自然探索活动中的真实经历,教师要持续观察、关注儿童的问题解决、方法探索、经验积累、情感体验等,捕捉来自儿童的分享愿望,通过发布会交流儿童的记录,进一步提升儿童在集体面前的自信、大胆表达的能力。

儿童自然探索课程

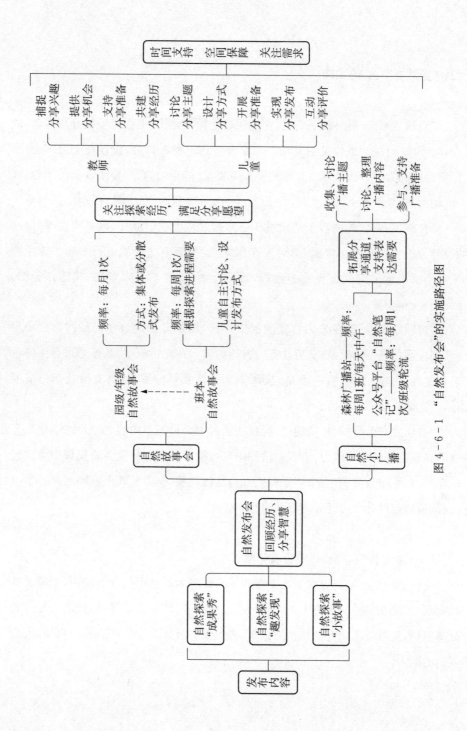

图 4 - 6 - 1 "自然发布会"的实施路径图

106

案例　　**森林广播站——小小追光者**

阳光透过玻璃、窗户围栏,投射下形状各异的光影。神奇的影子犹如魔术师一样,忽高忽低、忽近忽远,激发了孩子们探秘光影的兴趣。让我们跟随大2班的一群追光者的脚步,走进"丫丫光影园",探索光影的秘密。

A:我发现阳光透过玻璃纸,地上会出现各种各样的颜色!

B:我发现几面镜子放在一起会出现好多漂亮的图案!

C:我最喜欢去小黑屋听朋友们演"光影故事"了!

我们的光影之旅开始了,快来看一看、听一听吧!

阳光下的光影游戏

彩片放在玻璃栈道上会投射出什么样的影子呢?

A:蓝色的玻璃纸好像一片大海。

B:我们一起来创造海底世界吧,我想用黄色玻璃纸制作小鱼。

C:哇!快看玻璃栈道的影子,五颜六色的,真像海底世界。

我们的海洋世界用什么来做呢?

在玻璃栈道上,孩子们开启了新的尝试。使用双面胶将玻璃纸黏合在一起,不同的颜色结合在一起,颜色也发生了变化;不同形状的玻璃片在孩子们的手中也变成"海底世界"的大鱼、小鱼。

镜子与影子

阳光可以透过玻璃纸,而镜子可以反射阳光哦!在阳光下孩子们有了很多惊喜的发现,他们将几面镜子排成了一排,太阳光正好照着镜面。

孩子们不断地转动着镜子,发现随着镜子的变化,地上焦点形状也随之变化。多面镜子的组合下,孩子们又发现了镜子

"新大陆"——自制万花筒。

孩子们发现,不同的造型、不同的摆放位置会出现不同的图案。户外的自然物们都变成孩子们制造美丽万花筒图案的原始材料。

在不同的设计、摆放中,孩子们收获了不同的镜面反射效果经验。镜面反射的微妙变化隐藏着许多不可言说的秘密,使这些"小画家""摄影师""探秘者"流连忘返。

小黑屋里的故事

阳光下的故事很精彩,在小黑屋的探索中我们也有许多发现。投影的大小与光源的距离有关系,距离光源远,投影就会变小,图像会清晰;距离光源近,投影就会变大,图像变得模糊……

春日暖暖,每天光影都会洒进我们的家中,一起在家里用镜子,试着和阳光做游戏吧!

(案例提供:嘉定区红石路幼儿园　周燕)

(二) 支持自主设计,共建发布过程

每个儿童都是独特的个体,儿童的探索经历不同、思考体验不同,"发布什么""怎样发布"的问题,其自身最有发言权。因此,组织实施"自然发布会",教师必须站在儿童视角,倾听、理解他们最想向同伴分享的内容,陪伴、支持儿童共同讨论、选择合适的发布方式:

活动前期——关注儿童探索中的兴趣、问题和发现,探讨发布主题。

活动准备——儿童以小组的形式,商量发布会内容、发布方式,师幼共同商讨、准备所需材料、照片、视频等。

活动中期——通过不同形式的发布会,儿童分享探索经验,引发同伴的探索兴趣,教师关注儿童发布的过程与需要,给予回应与支持。

活动结束——借助投票、采访、提问等多元互动方式,开展同伴互动评价,推动儿童深入探索与发现。

案例　　"自然发布会"策划——"请听！我们的精彩"

　　学期接近尾声,大班各班在园本特色自然探索活动中让孩子走进自然、体验快乐、收获成长。在与自然共享的时光里,孩子们通过与动植物、光影等的亲密互动,积累了各种认知经验、情感体验。各班孩子在探究过程中也不断与同伴分享自己的有趣经历和发现。

班级发布:蚂蚁的微观世界

　　在户外自然探索活动中,我和好朋友发现了角落里的蚂蚁,我们想知道蚂蚁在哪里,还想知道为什么蚂蚁都在一起、它们在做什么……我和好朋友一起到自然阅读室查找资料,找到了很多关于蚂蚁的信息,在和大家一起分享、讨论和交流互动时,我们整理了"蚂蚁的秘密"。

　　经过持续四个多月的探索学习,我们又产生了许多关于蚂蚁的问题:"蚂蚁最喜欢吃什么?""蚂蚁的家是什么样子的?""为什么蚂蚁要搬家?"……我和好朋友一起组成了"蚂蚁探险队",每天都在园子里观察,下雨天的时候我们也会去看看,有时我们把蚂蚁带回教室饲养……最后,我们一起完成了蚂蚁实验报告、自制蚂蚁观察手册,用蚂蚁剪贴画的形式向小伙伴们展示丰富多彩的蚂蚁地下世界,表演我们的蚂蚁故事。

成果发布:自制蚂蚁手册

蚂蚁故事展示:地下的世界

探索发现:蚂蚁探索实验报告

年级发布:分享我们的精彩

经历班级的"自主发布会"后,孩子们在小组之间互相推荐,在与老师们的共同努力下,一场大班年级组的"自然发布会"诞生了,各班孩子代表在这里向所有小伙伴们介绍自己的探索成果,发布奇妙的发现,分享有趣的经历,聆听伙伴们不一样的精彩!

(案例提供:嘉定区红石路幼儿园 大班组)

三、"自然发布会"的活动案例

当儿童拥有丰富的探索经历后,当儿童产生分享愿望时,是组织一场分享活动,还是默默支持儿童的自主发布? 在"丫丫百草园"的探索过程中,大班儿童在老师的点拨和支持下,从"成果秀"出发,自制展台、设计说明书、直播介绍,打造了一场属于自己的"百草集市"。

案例 "丫丫百草园"的大发现——记一次孩子们的集市活动

"丫丫百草园"里有许多中草药,孩子们每每踏入其中都对它们充满兴趣,薄荷闻起来"很清凉";艾草的背面有许多毛毛;迷迭香远远地就能闻见它的味道,摸上去还黏黏的;园子里的藿香开出来了神秘的蓝花,一旁的桂花树也飘香四溢。桂花除了吃还能做什么呢? 带着各种问题,孩子们通过摸、看、闻等方式了解到了草药的不同作用,随着时间的推移,一个大胆的想法在孩子们的心中慢慢酝酿着。

"百草集市"的愿望

这几天,总有孩子跑来告诉我:"老师,今天小宝把做的迷迭香香囊送给了我,真的好香呀,我能不能也送一个给她?""我们今天又发现了一种新的中草药植物!"……在思考片刻后,我发现,在经过了一段时间的"丫丫百草园"探索后,孩子们都感叹于中草药的神奇之处,每每有了发现总想告诉更多的人,做好的东西总想送给伙伴们,在过程中也收到了不少伙伴们的赞许。

在分享中,我问孩子们:"想一想我们至今都有了哪些百草园大发现? 又想和谁分享这些发现?"讨论过后,凡凡提出了自己的新想法:"我们百草园的东西做出来只给自己用太可惜了,我们能不能把中草药送给更多有需要的人?""那怎么样才能让更多的人知道我们的发现呢?"我将这一问题抛给孩子,一下子引起了孩子们的讨论:

"老师,我以前参加过义卖活动,我把很多旧玩具都拿了出来。"

"我逛过集市,有一个个摊位,我们也可以为自己的驱蚊水打广告。"

111

经过这次讨论,孩子们决定开展一个"百草集市",将这段时间里对中草药的发现都放到我们的集市上,让更多的人知道并喜欢上我们的中草药。

材料不够了怎么办?

万事开头难,在"百草集市"准备的第一天,大家就遇到了麻烦。孩子们正做着草药香粉,却发现包装用的盒子不够了,难道我们的香粉就要白白浪费掉了吗?遇到难题的孩子们立刻展开搜索,费了好大的劲才勉强找到了合适的容器装下香粉。"可是明天呢?明天可怎么办?"面对这次的问题,我们一起讨论:

"看来办集市没有那么容易,大家都遇到了哪些问题?"

"有好多地方的材料都不够了。"

"那有什么好办法可以收集到这些材料呢?"

经过这次材料短缺的事情,孩子们决定回家发动身边的力量,寻找更多合适的材料。很快,孩子们带着自己找到的集市材料兴奋地来到儿童园。后面的几天里,孩子们更是把材料玩出了新花样。朵朵通过手绢拓印留下草药的形状和味道,把晒干的草药往里面一包,变成了一个独一无二的小茶包;茶包没地方放,大家立刻想到用绳子将其悬挂在集市的小推车上;想知道集市到底受不受欢迎,那就一起动手剪点爱心投票纸吧!

一次特别的集体活动

慢慢的,"百草集市"上的物品被大家一一制作出来。就在孩子们沉浸于布展时,一个路过的小客人引起了大家的注意:"你们在做什么?我该怎么用这个藿香正气水呢?"

很快,大家就请来制作者给这位小客人解释了藿香正气水的用法,看上去我们的小客人似乎也非常满意地离开了,不过孩子们却提出了更多的问题:

"我觉得我们需要摊主,这样摊主就可以介绍给小客人听了。"

"我们还缺一张记录纸，这样在我们不在的时候也可以给其他人介绍我们的产品了。"

"不对，我觉得那个叫说明书，就像我们吃药的时候也要看说明书才知道怎么使用。"

……

在了解到孩子当下的经验后，我组织孩子们开展了一次制作说明书的集体活动，孩子们针对如何为藿香正气水制作说明书这一问题，从作用、保质期、使用方法、说明书类型等多个角度展开思考并进行设计，活动也进一步激发了孩子们对藿香正气水可以保存多久的后续研究。

"百草集市"的发布会

在布置展台时，豆豆烦恼地说："小客人什么时候才来呀？"看着被迫等待小客人的孩子们，我反问孩子们："难道我们的发现只能等小客人来才能分享？我们还可以怎么分享？"

有孩子立刻说："我见过网上有直播带货，抖音上的直播、记者发布会……"第二天，"百草集市"里的孩子们便行动起来，大家拿上话筒、手持摄像机，面对镜头说出自己的探索发现，开始了属于他们的线上发布会。

这次的"百草集市"活动经历了一个月的准备时间，在这一个月里，无论是集市上的材料收集，还是准备过程中生成的问题与发现，孩子们都凭借自己的力量完成了一次又一次的突破。因此，到了集市活动的当天，孩子们一个个都化身"百草集市"的主人。看着他们绽放出的一张张笑脸，就知道这场活动对孩子们而言是多么珍贵与重要了。

我的发现

积极的表达表现

儿童有共同参与的权利，并能够在参与的过程中形成积极的自我价值认同。到了探索活动的后期，孩子们强烈的求知欲变为分享欲，在此阶段的孩子非常乐意把自己的发现和经验与更多的人进行分享，孩子们也在试图从其他人那里寻求自我认同，尤其是在探索现场，孩子们更容易产生与同伴交流的愿望，积极地想要表达表现。

尽情的体验感受

搞集市、发布会，支持孩子们发起的活动，从集市主题确定开始，我便准备好了"放手"，"放手"之后，孩子们在投入探索时是无比愉悦的，而学习也是其乐无穷的。在材料、在问题、在互动中孩子们尽情体验感受着这段探索的旅途。

主动的经验碰撞

"怎么让更多的人知道我们的发现?""如何使用藿香正气水?""难道我们的发现只能等小客人来才能分享?"……探索学习不仅是一个接受知识的过程，更是一个发现问题、分析问题、解决问题的过程，孩子们的个体经验在这一个个小问题中主动发生碰撞，由此获取多元的新经验。

我的尝试

由交流生发表达

如何让孩子们想要表达与评价的愿望得到充分满足呢?我借助一次分享，提出两个问题，让孩子们说说"至今都有了哪些百草园大发现?""想要和谁分享这些发现?"，从回顾发现和交流愿望两个角度与孩子们展开讨论。当教师站在儿童视角去思考他们的需求与兴趣时，可以让孩子们的探索学习更贴近他们的生活，因此在孩子们提出开集市的新想法后，我与孩子们共同开始了新一轮的尝试。

由放手生发创造

给孩子们一点时间，也给自己一点时间。我在材料问题上选择多些等待，持续观察，不让自己的思维代替孩子的需要。

当教师不再为孩子们准备好一切,孩子们会展现出惊人的创造力。在这次的"百草集市"材料收集问题中,孩子们由被动转为主动,更积极地参与到探索项目的推进中,逐渐解决了材料短缺、材料运用的问题,也慢慢积累了创造性解决问题的方法和经验。

由空间生发问题

随着探索一步步推进,显然孩子们已经做好当主角的准备。我给足孩子们探索的空间,孩子们在亲力亲为地为集市做准备的过程中,不仅激发了参与感,更激发了思考问题的内驱力。面对突然冒出来的"说明书"生成问题,何不抓住这个机会,让孩子们的个体问题成为集体的关注点。通过解决"摊主不在,如何介绍我们的产品?"这一问题,孩子们参与解决矛盾的过程,讨论选择解决问题的方法,也进一步触发了更深入的聚焦式探究。

我的思考

探索后期如何推进项目,又如何结束项目?儿童是课程的起点与归宿,在课程的最后阶段,我选择再次倾听孩子们的"100种语言",为孩子们提供了向他人表达和交流经验的机会,孩子们从自己的角度出发共同叙述了这段经历,也让我对通过参与推动探索活动深入进行有了新的认识。

第一,问题参与,让学习更儿童。当客人的问题引起了孩子们的注意时,孩子们便开始调动自身的经验来理解和认识问题,面对"百草集市"探索中延伸出的"说明书"内容,教师要善于抓住热点、发现问题、引出问题、鼓励孩子们解决问题,使孩子们的个体经验转变为集体经验,从而推动孩子们的主动学习。基于集市的特性,孩子们自制了产品说明书,并对产品的保质期发起了更深入的探索。

第二,材料参与,让体验更儿童。对于大班孩子而言,他们对于材料的选择已经有了较强的目的性,使用材料的方法也越来越多元,而孩子们只有在双向的参与过程中才能获得自身能力的发展。因此,在材料问题上教师不能一厢情愿地支持;相反,适时地放手,及时鼓励孩子们参与到材料的收集中,让孩子们真实体验材料的种种可能性,才能让项目课程真正成为孩子们的成果,让课程在孩子的参与中更好地发生。

第三,互动参与,让经验更儿童。在探索中,孩子们总是充满兴趣,积极主动地与同伴互动,这是一个共同构建的过程,为了满足孩子们在探索后期更强烈的互动需求,我通过组织儿童共同讨论,生成了"百草园发布会"和集市活动双线并行、"线上十线上"的模式,将这场互动式探索推向高潮,孩子们在充分的互动交流中,分享着经验,体验着快乐。

探索的故事,因孩子而精彩。"百草集市"虽然已经落幕,但在大自然中,我们每天都在期待着新的开始,我将继续和孩子们在探索的旅途中前行,倾听来自孩子们的声音,提升他们的参与感,让孩子的"100种语言"尽情地表达表现。

(案例提供:嘉定区红石路幼儿园　毛雨双)

从初期的观察、发现,到"百草集市"的开展,儿童在教师的支持下持续探索发现、分享丰富的经历。通过案例可以看到,发布会的活动让儿童有了更多展示自己的成果、分享自己的发现、提升自己的自信表达的机会。

首先,发现分享契机,给予多形式发布舞台。 日常的自然探索活动中,教师通过各类观察方式,为儿童记录下他们的探索成果;当儿童产生分享需求时,及时给予回应,通过集市义卖等形式,给予儿童更轻松的环境,让儿童在更自在的情境中大胆表达,分享自己的探索经验。

其次,把分享权真正交与儿童,让发布会更儿童。 自然发布会是儿童自己的发布会,从设计、准备到发布,均由儿童商量决定。教师适时放手,让发布会真正成为儿童分享的平台,引导儿童从被动转为主动,充分体现儿童视角,儿童的自主学习便悄然而生。

第三,满足情感体验需求,提高大胆表达能力。在多样化的"自然发布会"中,儿童培养了良好的个性品质,与同伴能积极协商、合作,乐于自信表达自己的探索成果与发现。通过幼儿园为每个儿童创设的"森林广播站""自然故事会"等交流分享平台,满足了儿童积极的情感体验的需求,提高了他们大胆表达的能力。

自然探索课程,让儿童走进自然,将生活与学习搬进自然,利用大自然的空间,构建"没有围墙的幼儿园""没有屋顶的教室",教师与儿童在自由的探索过程中开拓认知、自在成长。此时,课程就是大自然的发现,儿童在自然中主动探究、自我感受、自主表现,真正成为课程的主人,在主动的课程共建中愉悦生动地成长。

第五章

课程是大自然的分享

儿童心中有着一片与我们成人不同的世界。带着爱与欣赏打开"童心"窗户，倾听、观察、了解自然中的"童心世界"，发现"每一位儿童"、理解"每一句话语"、支持"每一个行动"，此时此刻，课程是大自然的分享，让我们感受儿童在大自然中成长的力量。

评价是课程实施的重要环节,是教师了解儿童、支持儿童发展的有效工具。我园秉持"尊重差异,支持发展"的评价理念,在开展儿童自然探索课程的过程中,积极探索科学、合理的儿童发展评价机制,让评价促进课程实施质量的提升,助推儿童全面发展。

有效评价能够帮助管理者了解教师在课程实验中存在的问题,分析问题症结,从而有针对性地开展专题教研、培训,推动教师专业素养的持续提升,切实提高课程实施质量;引导教师对自身教育行为进行反思和调整,从而助推儿童发展教师通过有效评价,能够发现儿童发展中的亮点和问题,针对问题反观课程实施与家长教育中缺失的部分,调整课程实施内容和组织方式;帮助家长全面了解儿童的发展情况,引导家长科学合理地调整育儿策略,从而促进儿童发展。评价内容主要包括儿童发展评价、教师课程实施评价、园本课程评价三个部分。

▌第一节▐
让评价成为儿童成长的原动力

儿童发展评价是幼儿园教育工作的重要组成部分，是了解教育适宜性、有效性的重要方式，是调整和改进教师工作，促进每一个儿童发展，提高活动质量的必要手段。对儿童在自然探索课程中的发展水平进行评价，有助于教师了解儿童的发展需要，提供更加适宜的帮助和指导，也有助于教师全面了解儿童的发展状况，防止儿童片面发展，提升活动质量。但如何获得儿童发展评价的数据及文字材料，又有谁对儿童的发展给出评价，这些既是评价中核心的要素，也是评价活动中常见的问题。本节中儿童发展评价的主体是儿童和教师。

一、儿童是自然探索活动的评价主体

随着年龄增长，儿童的自我意识逐渐萌芽，并具备一定的自我评价能力，他们能逐渐对自身的能力、行为、社会性等方面进行评价与判断。因此，在自然探索课程中，我们尊重儿童在评价中的主体地位，采用自我评价和相互评价的方式，帮助儿童及时反思或调整自己的行为。

（一）自我评价

鼓励儿童将自己在探索过程中的新发现或新问题通过记录、绘画、照片等表征方式记录在自然笔记中，并根据自己在活动中的探索情况进行自我评价。

① 小班儿童年龄小，正处于自我意识形成初期，自我评价一般通过盖印章、拍照或者粘贴实物进行。

② 中班儿童的自我意识有一定程度的发展，则通过简单的符号化方式（如打钩、画圈圈）、拍照、录音来评价自己的活动情况。

③ 大班儿童的自我意识逐渐增强,语言表达和前书写能力都有较大提升,自我评价则通过图形符号、表格记录或前书写方式进行。

(二) 相互评价

鼓励儿童欣赏同伴的记录,或者通过"自然发布会"给自己最喜欢的探索活动和小记者进行评价,有助于儿童通过相互评价达到相互学习、借鉴经验、不断进步的效果,也有助于教师根据儿童的评价情况对课程内容、实施方式进行优化和调整。

案例　　花园小路变形记

今天乐乐和豆豆一起造花园小路。他们分别将鹅卵石、绿树叶、树枝铺在小路上,并用小树枝在小路两边搭起了篱笆。

分享活动中,孩子们给予了花园小路高度评价:

思思:"用鹅卵石、树叶、树枝铺路,就好像彩虹,真美。"

翔翔:"我刚才走在小路上,小路会发出声音,这是一条会唱歌的小路,真神奇。"

琪琪:"小路旁造了篱笆,很特别。"

……

针对花园小路,孩子们也给予了建议:

齐齐:"小路铺得还要平一点,这样会更好看。"

兰兰:"篱笆旁边还要种五颜六色的小花,花园小路会更美。"

……

从以上案例中的生生互动可以看出,儿童的评价是非常客观的,他们能够及时肯定同伴的花园小路,给予同伴鼓励和信心,同时也针对存在的问题给予建议,帮助同伴在下次活动中能够更好地改进。这样一种评价,对儿童健全人格的发展具有十分深远的意义。而对于教师,也能够通过儿童的相互评价,对后续活动给予进一步的支持和帮助。

二、教师是儿童发展的评价主体

在儿童自然探索课程中,教师对儿童的评价是整个评价体系中最为重要的一个中心环节,教师应通过有效评价来促进儿童发展,提升自身的课程领导力。

(一) 研制评价工具

结合儿童自然探索课程目标"亲自然,乐探究,善表达,会创造",我园制定各年龄段儿童自然探索课程观测评价表。(见表 5-1-1、表 5-1-2、表 5-1-3)

表 5-1-1 大班自然探索课程观测评价表

培养目标	培养目标的具体内容
亲自然	1. 了解人们的生活与自然环境的密切关系,知道尊重和珍惜生命,学会保护环境。
	2. 察觉动植物的外形特征、习性与生存环境的适应关系。
	3. 感知四季变化之美,了解四季变化的顺序与规律。
乐探究	1. 乐于在自然中活动,勇于挑战,适应天气与季节变化。
	2. 积极提出问题,愿意动手动脑、寻找问题答案。
	3. 乐于与同伴合作探究,制定简单的探究计划。
	4. 主动运用不同工具,根据兴趣与热点进行探究。
	5. 探究中有思考,尝试进行简单的推理和分析,发现事物间的明显关联。

续表

培养 目标	培养目标的具体内容
善表达	1. 愿意与他人讨论问题,表达自己的观察、探索发现。
	2. 愿意用多种方式记录自然笔记,有探究过程。
会创造	1. 乐于搜集自然中的物品或向别人介绍所发现的美的事物。
	2. 乐于模仿自然界和生活环境中有特点的声音,并产生相应的联想。
	3. 能用多种工具、材料或不同的表现手法表达自己的感受与想法,能用自己的作品布置、美化环境与生活。
教师 观察 分析	

5 - 1 - 2 中班自然探索课程观测评价表

培养 目标	培养目标的具体内容
亲自然	1. 喜欢自然,乐于接触自然事物,对自然世界有好奇心。
	2. 感知和发现动植物的生长变化。
	3. 感知和发现不同季节的特点,体验季节对动植物和人的影响。
乐探究	1. 尝试对事物或现象进行观察比较,发现其相同与不同。
	2. 尝试运用观察、阅读、猜测、实验等方式进行探究。
	3. 有兴趣地表达自己的所见所闻,讲述比较清楚完整。
善表达	1. 尝试用简单的记录、录音、拍照等方式表达自己的发现与问题。
	2. 乐于用动作、声音等表现自然中的美好事物。
会创造	感受欣赏自然之美,善于用自然材料进行组合、创造、想象。
教师 观察 分析	

表 5-1-3　小班自然探索课程观测评价表

培养目标	培养目标的具体内容
亲自然	1. 喜欢接触大自然,对周围很多事物和现象感兴趣。
	2. 对常见的动植物有兴趣,发现周围动植物多种多样的特征。
	3. 感知和体验天气对自己的生活和活动的影响。
乐探究	1. 能用多种感官、动作去探索,尝试使用不同的探索工具。
	2. 尝试用拍照、录音等方式进行简单记录。
	3. 愿意表达自己的需要和想法,必要时能配以手势动作。
善表达	1. 乐于搜集自然中的物品或向别人介绍所发现的美的事物。
	2. 喜欢用涂涂画画、用自然材料拼拼贴贴来表达对自然的喜欢与想象。
会创造	乐意用声音、动作、姿态模拟自然界事物和生活情景。
教师观察分析	

运用上述观测评价表时,重点关注以下几点:

① 每个年龄段的儿童都有不同的发展特点,实施评价时,教师要立足于儿童本位,以发展的眼光看待儿童,用评价指标来判断儿童的发展情况,并适时提供支持和帮助。

②《幼儿园教育指导纲要》在"教育评价"中指出要"承认和关注幼儿的个体差异,避免用划一的标准评价不同的幼儿",因此,在评价儿童时要尊重儿童的个体差异,多渠道采集儿童的活动照片、作品、活动记录、视频资料等直观信息,清晰了解每个儿童的学习需要和发展态势。

③ 评价过程中,教师要注重与儿童互动交流,便于更清楚了解儿童行为表现的变化发展。

(二) 聚焦观察评价

观察是实现课程评价的基础。教师基于儿童在自然探索活动中的行为,以追踪的方式观察儿童,记录儿童,尊重、支持儿童,从而加大课程创新实施力度,提升课程质量,促进儿童全面发展。

1. 多角度观察

(1) 定内容观察:户外观察区别于室内,儿童走动性会比较大,针对同一个内容,关注不同儿童与环境的互动。(见表5-1-4)

观察内容:丫丫百草园。

观察形式:定内容观察。

操作提示:数字1—5代表儿童表现行为的不同阶段,教师可根据儿童的发展阶段进行评价,并采取个性化指导。特殊情况用文字补充说明。

表5-1-4 "丫丫百草园"儿童发展评估表

| 评估领域 | 观察点 | 主要表现 | 阶段:1—5 | | | | | | 补充说明 |
			幼A	幼B	幼C	幼D	幼E	幼F	
健康	适应能力	能够在较热或较冷的户外环境中连续活动半小时以上。							
	自理能力	知道各类工具的使用,并能整理归纳。							
科学	亲近自然	愿意照料中草药植物,能够观察到动植物的外形特征、生长习性等,有探究兴趣。							
	探究能力	主动探究,利用相关媒介、工具、材料等进行有目的的探索。							
	解决问题	尝试用多种方式解决问题,有下一步的设想或行动计划。							

| 评估领域 | 观察点 | 主要表现 | 阶段:1—5 | | | | | | 补充说明 |
			幼A	幼B	幼C	幼D	幼E	幼F	
社会	交往能力	主动向他人分享想法、经验。							
	合作行为	与同伴开展合作与协商,共同讨论问题。							
语言	表达能力	乐意用不同方式表达,有书面表达和口头表达的愿望,能够用图画和符号等进行表征。							

教师通过定内容观察,对儿童所处的水平进行综合观察、判断,为提升儿童的综合能力提供支持策略,实现以评价促进儿童核心素养发展的目的。

(2)定人观察:观察镜头锁定一个儿童,捕捉儿童在不同场域与材料互动的情况,用影像记录、追踪活动轨迹及显现的问题。(见表5-1-5)

观察儿童:×××。

观察形式:定人观察。

操作提示:数字化,多用动词、名词,保留真实行为。

表5-1-5 "丫丫＊＊园"活动观察表

儿童姓名	具体行为表现	分析反思

在观察过程中,教师的记录要尽可能客观,要理性表述儿童的典型行为,通过观察、描述儿童的行为,教师可以用更全面的眼光去解读儿童,了解儿童的发展水平,实现对儿童的阶段性指导。

(3) 连续观察:针对一名儿童(或多名儿童)一段时间内的相同内容,进行连续追踪和观察,有助于体现儿童成长经历的直观态势。(见表5-1-6)

观察内容:"丫丫小花园"造喷泉。

观察形式:连续观察。

观察儿童:可可、豆豆。

表5-1-6 "丫丫小花园"造喷泉连续观察记录表

观察记录	分析反思
时间:2020年5月7日 豆豆和可可在花园里造喷泉。 豆豆从材料超市里拿了几根洗衣机管子,他说可以用管子把水引到喷泉里来。但在实验过程中,管子太粗,连到水龙头上一直掉;管子太短,几根管子用胶带连起来后,也一直脱落。一节课下来,两人衣服都湿了。 可可:"管子太短了,明天一定要用长一点的管子。" 豆豆:"明天多叫一点人过来帮忙,抓住水龙头管子,水就不漏了。"	探索中,两个孩子是有一定生活经验的,他们能够选择管子引水造喷泉。过程中,他们的学习坚持性是比较强的,没有因为衣服湿了而放弃,会主动思考,寻求解决问题的方法。 我的思考: 在追随儿童学习的过程中,我看到他们有自己的学习方式、自己的思考和自己的力量。所以我们要尊重他们的选择,不要急于帮他们找到答案,把答案交给时间,把探索交给儿童。
时间:2020年5月8日 可可和豆豆没有选择洗衣机管子,而是找了许多PVC管子和弯管接头。他们将不同弯管和PVC管子高高低低连接了起来,很快连接到了喷泉处。 他们打开水龙头,但水根本没有喷出来,反而在各个管口处滴漏。 可可:"豆豆,我们把管口封住,水就可以流到喷泉里面了。"两人开始用手堵,但水没有堵住,他们就想用胶带封,结果水还是继续流到各个管口。豆豆百思不得其解:"为什么大1班的小朋友	今天,造喷泉继续以失败告终,但我们看到:两个孩子能够学习他人经验来支持自己学习,学习中善于发现问题,并通过互动分析问题、解决问题,学习品质是非常强的。 我的思考: 儿童的行为让我感受到:他们并不是被动等待着我们去教导的"小大人",他们是天生的学习者,他们是会主动适应、向上生长的棒小孩。所以,作为教师我们一定要适当放手、追随

续表

观察记录	分析反思
能够把管子连起来浇花,我们却不能?"可可:"可能是管子口太多,水都流走了。"豆豆:"那我们明天把多余的管子口都堵住,让水往一根管子流。"……	他们的脚步,把学习权利还给他们,给予他们更大、更自主的学习空间,让他们真正成为学习的主人。
时间:2020 年 5 月 9 日 可可和豆豆决定用报纸堵住管道口。他们用报纸球将管道口堵住,只留下接口处和出口处。 豆豆打开水龙头,水终于流到花园喷泉处,可是水并没有像喷泉那样往上喷,而是一直往下流。 豆豆:"老师,喷泉怎么不往上喷?" 我:"对啊,水怎么往下流呢? 找找看什么原因。" 我和他们一起寻找原因。 豆豆:"老师,你看,管子口是往下的,会不会是这个原因,水才往下流?" 我:"有可能。" 可可:"那我们试试看,让管子口往上。" 我和可可一起把管子口往上摆了一下,豆豆打开水龙头,奇迹真的发生了,喷泉终于喷出了水。 我们一起欢呼着……	今天整个活动,孩子获得的信息不是教师灌输的,而是在发现问题、分析问题、解决问题的过程中,他们的个体经验在一个个问题中发生主动碰撞,由此获取了多元新经验,并不断成长。 我的思考: "儿童的世界是儿童自己去探讨、去发现的,他们自己所求来的知识才是真知识,他们自己所发现的世界,才是他们的真世界。"今天的活动中,面对真实而具体的问题,他们成为积极的行动者,调动已有的知识经验、能力基础,创造性地解决了真实情境中的问题,可见儿童是天生的学习者。

(案例提供:嘉定区红石路幼儿园 俞春燕)

可见,连续观察记录呈现出了儿童成长经历的直观态势,让教师直观了解了儿童的思维特点、学习品质等,发现了每个儿童都是独立的发展个体,看到了每个儿童不同的特质与潜能,帮助教师学会用发展的眼光看待儿童,用适宜的方法支持儿童学习,让每个儿童都绽放精彩。

2. 梳理观察视角

借力教研机制,我园梳理了《儿童自然探索活动观察视角举例》,帮助教师理清观察角度,捕捉来自儿童的兴趣、发现、问题,站在儿童立场思考,支持儿童分享、表达,推动儿童深入探索。(见表 5－1－7)

表 5－1－7　儿童自然探索活动观察视角举例

内容	视 角 举 例		
	活动前	活动中	活动后
观察	资源:有什么? 什么样? 可以做什么? 儿童: ① 在看什么? 儿童都在看的、部分儿童看的、几乎没有儿童看的。 ② 喜欢什么?	资源:有什么变化? 与儿童、季节等的关系。 儿童: ① 在哪里? 正在玩什么?(具体材料、工具、地点) ② 怎么玩?(看、闻、摸、比较、讨论、实验……) ③ 最喜欢玩什么?(表情、行为) ④ 遇到什么困难? 怎样解决? ⑤ 选什么材料和工具? 够用吗? 合适吗? ⑥ 探索兴趣和品质怎么样?(表情、神态、持续时间、材料使用和整理、和同伴交往)	资源:不同阶段的变化,与活动阶段的差异、关联。 儿童: ① 有无新的好奇? ② 阅读、收集关于自然探索的信息、资料。 ③ 在室内活动/自然角中是否产生链接、延续?
倾听	① 儿童看到园子里的各种资源时在说什么? 讨论什么? ② 儿童提出了什么问题? 同伴之间围绕问题讨论什么? ③ 儿童提出了什么想法? 想要做些什么?	① 在聊什么?(有趣的发现、变化,同伴间关于问题、方法的讨论或争执,联系生活经验的交流,对危险的提醒……) ② 在问什么?(对发现、现象、变化等好奇;对失败原因的询问;对同伴探索的好奇询问;材料、工具的求助……)	分享交流中: ① 在说什么:活动经历、发现、方法、问题…… ② 说的内容想要表达什么? ③ 不同儿童对分享话题的表达、经验。

内容	视 角 举 例		
	活动前	活动中	活动后
		③ 和老师说什么？（发现、求助、询问、提醒、告状……）	分享后： 围绕户外探索的交流。
记录	① 所有可能的资源。 ② 儿童初次观察的过程。 ③ 儿童看、说的内容。 ④ 儿童的好奇、问题。	① 视频、照片记录：儿童的探索过程、个性学习行为等。 ② 文字记录：跟踪儿童的探索过程：在哪里？探索什么？和谁一起？典型行为、语言等。	① 典型案例的记录、分析。 ② 不同儿童的观察梳理。 ③ 生成内容的补充、拓展。 ④ 区域探索的问题、反思调整。

　　《儿童自然探索活动观察视角举例》的使用，指引了教师在自然探索活动中开展评价的方向，帮助教师更全面了解儿童学习中的发展轨迹，助推儿童全面发展，促进教师专业成长。

┃ 第二节 ┃
让评价成为教师发展的内驱力

当前,课程改革对教师的课程实施提出了新的要求,新的课程实施需要建立与之相应的新型教师评价。教师课程实施评价在新课程理念下,把课程实施的过程变成教师发展的过程,改变过去教师评价的观念与方法,使评价成为教师发展的动力。本节论述通过教师自我反思、记录分析、愿望清单来促进教师专业发展。

一、自我反思

自我反思既是一种教师发展评价的方法,也是教师日常工作的组成部分,它不仅有利于教师对工作及时进行自我监督,同时也不断促进教师自身的发展和自我超越。教师可以通过"学习故事"运用叙事的形式记录儿童的"哇"时刻,对儿童的学习与发展进行评价,进而制定出下一阶段儿童的发展计划,有效促进教师实践智慧的生成与发展。

案例 泥浆中的小小建筑师

唉,它又倒了…

"我要把这儿围起来,造我们的班级房。""那我们先把房子的外围围一圈。""丫丫艺美园"中,孩子们正在热火朝天地用铲子、砖块、泥土尝试着建造计划好的房子。由于是刚开始建造,孩子们把砖头按着轮廓垒了1层,便收工了。

"啊,它怎么倒了!"经过一夜风雨,第二天孩子们来到泥潭时,发现昨天搭建的1层砖头房子已经被吹倒了将近一半。

"一定是我们昨天泥抹少了,粘得不牢!""眼镜哥"找了个提桶,走到湿泥位置,准备铲很多的湿泥。在之后修补砖墙的时候,明显可见加的泥多了,但是走过湿泥潭的鞋子很容易陷在里头,为了取砖块,"眼镜哥"的鞋子一次次陷进泥里,一个重心不稳一屁股坐在了刚施工的砖墙上——部分墙再次倒了。一旁的"长脸哥"说道:"你要靠边走,不要跨过去。"可是

没碰上"天时、地利"的"建筑师们"处境十分艰难

不一会儿,一阵风把刚新垒起来的门柱子(泡沫软积木)又吹倒了,只听到一阵叹息:"唉,它又倒了……"

哇,快成功了吧?

新的一天,孩子们在出发的瞬间就感慨:天气不错哦。孩子们似乎也给自己打好了预防针:经过周末的洗礼,泥潭里面各处飘着落叶,原本上周恢复的砖墙会变成"残垣断壁"。"眼镜哥""方脸哥""长脸哥"仍兴致勃勃地开工了。在清理完房子周围的树叶后,"世纪难题"砌墙又开始了:"方脸哥"在计划中是在已经有了轮廓的午睡间造小床,长期拍档"眼镜哥"和"长脸哥"继续攻克难题。今天我忍不住想来试试看能不能帮助艰难的施工队,于是我尝试以同伴的身份介入:"我也想来加入你们,可以吗?""可以!""那快给我布置一下任务吧。"……

"你的泥太稀了,抹上去像没有一样。""那我加一些干的泥土进去。""我们还要再把砖头埋下去点。""是的,上次老师就说我们的地基不牢。"

　　（两位孩子想法很好，只是实施遇到困难，冬天土有些硬，塑料铲子并不好铲干硬的泥土，我找来铁铲子帮助他们松了下土。）

　　"这个转弯角总是弄不好。"（语气很气馁。）"我们一起试一试换个拼法？"（我和"眼镜哥"一起试了试把上下砖头交叉放、砖头慢慢倾斜角度、把地下的土挖个坑埋住砖头等。）

　　"终于差不多了！""明天可能又要倒了吧？""我看幼儿园的墙都是看不出砖头的，我们墙的砖头和泥巴缝缝好明显啊！""我们用泥把露出的砖头全盖住！"

　　"哇，我感觉像是《三只小猪》里那个很牢固的砖头房！这次快成功了吧！？"

我的思考

可贵——坚持

　　这三位小小"建筑师"在实际活动过程中遇到的困难其实远比上文所记录的多，其他区域的孩子每天都有可展示的成果，他们却在日复一日重新开建，但也从没有提出过想换个地方玩，在因失败而情绪较低落时，愿意倾听、接纳老师的参与，继续一次次尝试摆放砖块砌墙，这持之以恒的品质值得其他孩子以及身为成人的我学习。

可信——协商

在以往活动观察中,我时常会发现一个现象:孩子慕强心理较重,当多人合作中,有的孩子明显能力较弱时,往往会受到排挤。本次记录中的三位孩子其实能力差异也是很明显的,"眼镜哥"占主导,"长脸哥"有些"点子王","方脸哥"则"默默无闻",但是"眼镜哥"和"长脸哥"很会照顾"方脸哥",计划协商时会讨论分工,如让"方脸哥"去造简单的小床,剩下的两人继续攻克难题,相互信任,同步进展。

可爱——兴趣

每当开展一次活动时,我最担心的就是孩子没兴趣、不想玩。三位男孩的可爱之处在于:尽管一开始身处看似"脏兮兮"的泥潭时有些情绪,但是他们会慢慢培养自己对这一区域的兴趣,如没玩过泥潭的他们会想着把建构时搭过的教室在泥潭中复现,认真清理周末过后满池的树叶,房子造完后将小旗子插在屋顶上作点缀。孩子们通过已有经验和对周围环境的感知营造了有趣的氛围。

我的回应

在"丫丫艺美园"玩泥区域,我曾以三种身份参与到孩子们的活动中,身份变化也让我有了不同时期的心路历程。

旁观者

在初始阶段,我把该区域的材料按照常规的摆放方法放置在泥潭边,在一旁的我除了观察,也准备着在孩子们对我发送帮助请求时及时回应。经过几天的观察我发现:孩子们对材料的取用是比较固定的,其中有两个框里的材料是不太被选用的;同时,他们在该区域的常态是选取常用的几样材料后基本不会中途更换。过程中遇到困难,他们会粗略地尝试我的建议,发现不行就继续按原计划实施,可见教师给予的回应在有一定空间距离时是被忽视的。

合作者

在活动进行到白热化阶段时,我以玩伴的身份加入到活动中,这时我受到的完全就是另一种待遇了:他们会"指使"我帮他们松松很硬的泥块;当我提出"是否可以改变摆放砖块的位置"时,他们会马上和我一起"你放一块我放一块"来尝试。印象最深的是片段二发生的那天,因为提前完成了计划,可以早早地冲去防水服上的泥浆,三位男孩很骄傲地和我说:"我们终于不是最后一名了,不用大家等我们了。"此时此刻,我和孩子们不再是老师和学生,而是"我们"。

回顾者

在事后回忆阶段,我将一个个记忆片段回顾下来,开始反省自己平时给到孩子的回应:当我们提示的一些可能性、发掘的一些疑似机会,不被孩子采纳时,试着将自己沉浸在他们的活动中,亲身体验他们的"难处",也许就能发现为什么有些时候他们会"不配合"。

我的调整

"鱼"的调整

首先在区域规划时,教师常会根据以往经验进行看上去比较规整、清楚的划分,然而我在实践中发现"孩子在取用砖块材料时,会绕着走过湿土区然后到达材料点",许是因为他们的乐趣就在于想到哪儿就逛到哪儿,并不会按照我们想象的路线去走。但片段一中出现了孩子因绕路取砖,脚陷湿泥滑倒,致墙倒塌的意外,所以我们可以这样调整:材料框下垫防水膜(可放进泥潭),供孩子自由摆放至当天方便取用的位置。另外,在孩子们使用材料时,我观察到他们对砌墙工具的使用并不十分了解,有一些工具如抹灰刀、刮板,孩子们想用,但试了试发现并没有达到他们的预期效果,便放弃了,使用比例最高的就是他们最熟悉的铲子。为此,可先在室内个别化区域投入一套DIY的建房模型,让孩子们先熟悉每一样砌墙工具的使用方法;同时,相比室外较重的砖块,迷你砖块更便于孩子们在短时间内尝试多种不同的摆放方法。

"渔"的延伸

"给得太多""给得不够"是我在活动中常常会遇到的纠结点,刘晓东教授在《解放儿童》中的一席话点醒了我:"艺术表现是需要一定的媒介和技巧的⋯⋯教育者应当让孩子接触大量的艺术作品,鼓励他们去研究和模仿。"因此,当后期孩子们对造房的兴趣达到一定的程度,可联系砌墙工人们的实际操作,让孩子们的艺术在自由创造和技术训练之间保持适当的张力。当看到孩子们砌的墙总是会倒下时,我不禁在想:泥土砌墙真的牢固可行吗? 在查阅资料的过程中,"福建土楼"跃入了我的眼帘:"建造土楼的添加剂有红糖、蛋清、糯米等,是非常好的黏合剂,可以单独使用,也可以一起使用,大大增加了'三合土'的坚韧度。"所以下阶段我将以欣赏土楼建筑为媒介点,引导孩子们发现红糖、蛋清、糯米这些生活中常见的物品可以制作黏黏的泥浆,用生活材料让枯燥的捣泥浆活动生动起来。

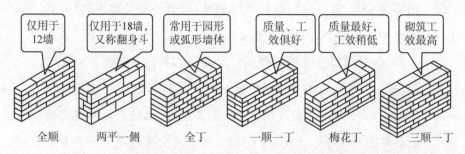

| 仅用于12墙 | 仅用于18墙，又称翻身斗 | 常用于园形或弧形墙体 | 质量、工效俱好 | 质量最好，工效稍低 | 砌筑工效最高 |

| 全顺 | 两平一侧 | 全丁 | 一顺一丁 | 梅花丁 | 三顺一丁 |

不同造型的房子可用到不同的砖块摆放技巧，可用儿童化的语言进行信息传递

（案例提供：嘉定区红石路幼儿园　徐静佳）

教师运用叙事的形式进行记录和评价，客观真实地记录了每个儿童用泥建造房子的独一无二的学习和发展轨迹，使我们清楚地看见儿童在学习过程中知识、技能的获得和行为表现，并捕捉到了儿童在学习过程中表现出来的坚持、勇气、自信、合作等。"学习故事"更好地帮助教师了解儿童、读懂儿童、支持儿童，促进儿童进一步学习与发展，并提升教师专业素养，促进幼儿园内涵发展。

二、记录分析

儿童表征记录能帮助教师更好地了解儿童的学习特点、发展变化。幼儿园为儿童自然探索量身定制了自然笔记，让儿童留下自己的即时想法、探索发现、好奇问题等，记录儿童在探索过程中所表现出的个体的、复杂的探索学习与发展进程。教师借助自然笔记中儿童的不同记录，识别理解儿童的探索经历、发展情况，并为下一步计划提供依据。（见表 5 - 2 - 1）

表5-2-1　儿童表征记录分析

儿童笔记	分析识别	下一步计划
	1. 表征能力:借助实物,形象绘画表征。 2. 探索发现:能够发现中草药叶子的明显特征,并乐意通过图案表现自己的发现。	1. 分享、展示不同儿童的表征发现,增加表征经验的共享。 2. 进一步关注儿童对中草药的不同发现,提供语音媒介。
	1. 表征能力:具有一定的表征经验,能够通过思维导图的方式简单归纳。 2. 探索发现:通过持续观察,对蚱蜢的习性有比较多元的发现。 3. 时间观念:具有一定的时间观念,记录中能够简单标记日期、学号。	1. 支持儿童更多元地观察、经验收集。 2. 鼓励儿童分享发现笔记。 3. 持续观察儿童后续的表征内容,跟踪关注儿童的多元表征经验。
	1. 表征能力:具有较强的表征记录能力,以符号代替文字记录观察日记。 2. 探索发现:儿童对花朵的观察很细致,包括花瓣、花蕊、气味、色彩的变化等。 3. 家长参与:家长有意识地为儿童加上对应表征的文字,便于他人解读。	1. 分享儿童独特的表征方式。 2. 支持儿童对自然的多元观察和发现。 3. 对话家长,了解日常亲子互动方式,分享家庭教育智慧。

可以发现,儿童不同的表征记录,为教师提供了更多了解儿童行为的详细资料,帮助教师捕捉到更多多元信息,从而发现、识别儿童的个性特点和需求,对儿

童进行正确的评价和支持。

三、愿望清单

教师的教育观念和情感态度伴随着整个课程实施的过程,而观念与态度是存在于教师内部的东西,仅仅通过观察儿童的外部行为来进行判断是不够的,还可以通过倾听儿童的内心声音,从儿童的评价中了解儿童的发展、需求等信息,从而促进教师专业发展,给予儿童更多发展支持。(见表5-2-2)

表5-2-2 "童话花园"愿望清单

幼儿园的小花园可以怎么改造?
1. 我想在花园中间用瓶子造一个很大很大的喷泉。 2. 我和妮妮想在花园里用石头垒出一个大爱心,在爱心里面种满向日葵。 3. 我会捡很多很多的树叶和小石子,造一条树叶石子路,小路旁种满鲜花,鲜花旁还要造一间城堡,公主和王子就可以住进去了。 4. 我看见公园的小花园有自行车,自行车种满了鲜花,好漂亮的,我家里也有自行车,我拿过来种花,打扮小花园。 5. 我要在小花园里种满一年四季都开放的花。 ……
分析与思考: 　从儿童的交流中可以看出,儿童对小花园是有一定生活经验的,他们的愿望清单和真实生活是有联系的。而且,他们内心都有一个童话梦,梦幻的、纯洁的、浪漫的……并乐于将这些童话梦呈现在现实生活中。基于儿童的学习需求,我认为我们应该顺应他们的心声,为儿童创造条件,支持他们,让他们在真实、立体的小花园中打造属于他们的"童话花园"。

愿望清单是访谈法中的一种评价方法,通过倾听、了解儿童的真实想法,给予儿童更多的支持和帮助。它呈现了评价的理念,又体现了教师对儿童开展评价的多元视角。

　　综上所述,教师课程实施评价途径是非常多元的,它为教师提供了许多观察评价的好方法,帮助教师从不同角度看到儿童各种各样的积极主动而又个性迥异的行为表现,探讨儿童可见行为之下不可见的心理变化和学习需求,从中提炼教育策略,更好地支持儿童发展。

▎第三节▎
让评价成为幼儿园发展的催化剂

《幼儿园教育指导纲要(试行)》明确指出:管理人员、教师、幼儿及其家长均是幼儿园教育评价工作的参与者。根据纲要要求,为更好观察和解读儿童在自然探索中的真实表现,从而满足儿童的个性化学习需求,在儿童自然探索课程实施中,我们倡导教师、儿童、家长全员参与课程评价,最终促进儿童的全面和谐发展。(见表5-3-1)

表5-3-1 儿童自然探索课程的评价内容

评价内容	评价工具	说明
儿童发展评价	《自然笔记——特色发展评价》	教师、家长、儿童即时观察记录和解释,为儿童发展的评价提供事实证据。
教师课程实施效果评价	《儿童自然探索活动实施评价表》	由课程中心组开展日常巡视与调研,了解与分析教师实施儿童自然探索活动的情况,并及时与教师沟通反馈调研结果,制定相应改进措施。
	《家长驻园办公评价表》	在家委会、全园家长中开展对教师在儿童自然探索课程实施方面的评价,收集来自家庭、社区的评价信息,不断改进课程实施质量,改进社区教育资源运用与辐射质量。
	《社区共建评价表》	
课程方案评价	《上海市幼儿园办园质量评价指南》中"课程与方案"部分	每个学年末由园长、幼儿园课程中心组以及家长共同参与,根据儿童发展评价情况,教师课程实施评价情况,家长、专家等第三方反馈情况,对课程实施方案进行回顾、梳理、调整,完成对课程实施方案的修改与更新。

随着对儿童自然探索课程的评价的不断深入,我园在探索中逐步形成了一系

列的评价内容,评价主体多元互动,评价工具和策略也不断完善,评价更趋于客观真实,成为幼儿园发展的催化剂。

一、儿童参与评价,萌发自我意识

儿童对园本课程评价问题是最有发言权的,让儿童参与评价也是最有效、正确和科学的评价活动。在园本课程评价中,园本课程编制与实施的主要目标是促进儿童发展,同时儿童是园本课程实施的接收人员、最直接感受者,更是园本课程的最终受惠者,让儿童参与园本课程评价,与教师共同商定评价内容和评价方法,共同分析和解释评价结果,才能促进园本课程的正常发展。

(一) 聚焦教研

《幼儿园教育指导纲要(试行)》的"教育评价"部分指出:幼儿的行为表现和发展变化具有重要的评价意义,教师应视之为重要的评价信息和改进工作的依据。为能进一步解读儿童成长,从理解、尊重出发,进一步探索我园儿童自然探索课程行之有效的支持方法,我园尝试让儿童参与到教研活动中,通过倾听儿童的想法,获取儿童行为中有意义的信息,寻找隐藏在背后的儿童发展信息。(见表5-3-2)

表5-3-2　红石路幼儿园教研活动方案

活动时间	2022年11月9日	活动地点	总部多功能厅
研讨重点	通过小组探讨、探索体验的方式,进一步帮助教师梳理自然探索活动实施路径,反思活动组织准备中的儿童主体。		
出席者	园长朱萍、全体教师		
组织者	司有芳		
活动准备	PPT、活动方案、记录纸、笔、黑板;教师分成4组; 大班每班邀请2名儿童参与。		

活动过程:

一、回顾:户外自然探索准备的那些事儿

主持人:今天活动的参与成员很特别,欢迎来自大班的孩子们来参加我们的研讨活动。在上一次的研讨活动中,大家一起探访了户外小公园的环境、资源,对活动内容进行了讨论和梳理,这次活动作为上一次的跟进。活动前我们先做一下采访。

问儿童:①你们去玩过自然探索吗? 去过哪个园子?

②你们去××园之前,老师和你们做过什么准备?(去小花园里参观过吗? 玩什么?)你们去玩的时候老师会做什么?

问教师:①哪些活动是活动前需要和孩子一起完成的?

了解环境、资源;讨论、设计探索内容;规划场地设置;收集活动材料……

②教师在户外自然探索活动中需要经历怎样的过程?

提前了解区域资源—根据核心经验初步规划—组织儿童观察收集兴趣话题—师幼讨论制定计划——共建材料、环境——持续观察儿童活动,进行支持与反思

——以上活动在各园区活动提示中也有相关提示,活动前准备越仔细,儿童前期思考、计划越充分,儿童玩得越开心,活动现场越有儿童的味道!

二、计划:关于树的设想

(一)关于幼儿园的树,你已经知道……

问儿童:幼儿园里有许多树,你知道哪些关于树的秘密?

(二)关于幼儿园的树,我们还想知道……

1. 分组计划

问教师:结合儿童对树的经验表达,讨论、设计你和儿童一起探索树的计划;在纸上用网络图的方式梳理探索的内容和方法。

问儿童:和身边的小伙伴一起商量一下,如果我们一起去探索大树,你们还想知道关于树的什么秘密? 准备怎么做? 可以画在纸上记下来。(教师参与儿童小组计划指导)

2. 交流:教师先介绍,儿童再介绍

寻找:教师计划中与儿童相呼应的地方:探索问题、探索方式。

双方不一样的地方:儿童想知道教师没有计划到的;教师想儿童还没有计划到的。

讨论:从教师和儿童的计划中比较,教师下一步准备怎么做?

——教师、儿童对问题的理解、解决存在着不同思路,教师通过与儿童对话,了解他们的已知和未知,收集儿童的问题和想法,避免用主观的思考做出“很不儿童的事”。

续表

三、行动:探索"树之最"

（一）师幼结伴调整行动计划

要求:稍后我们将开展第一次探索行动,请每组老师邀请1组儿童,和儿童一起商量一下接下来的行动计划:最想知道关于树的一件事(最高、最大、最粗、最多、最少……)。

（二）户外大树探索行动

（三）分享:我们找到的"树木之最"

小组教师和儿童代表介绍发现。

（四）采访互动

问教师:在和儿童一起探秘的过程中,你从儿童身上学到了什么?

问儿童:和老师一起寻找大树的秘密好玩吗?你想为小队里的哪位老师点赞?说说你的理由。

四、说在最后

借用学术节开幕式上的经典标题《学习者自带光芒!》,送给在座的大朋友和小朋友。今天,儿童再次让我们感受到学习的光芒,同时也让我们进一步了解儿童学习是怎样的。户外2小时活动已经在全市普及,我们作为户外自然探索的特色园,更要坚守儿童立场,让儿童参与活动前的准备经历,从中倾听儿童的愿望。只有给儿童机会,他们才会将不行变成行!将可能变成现实!而这种思考的方式应该融入我们的一日活动中。

徐则民老师在《儿童立场,呼唤我们不懈努力》一文中,说了这样一句话:"当我们主动关注一面面主题墙产生的实际效果,判断有无借助幼儿的手来呈现教师心目中的主题模样时,当我们自觉掂量幼儿的一日生活是不是充满了'有一种冷是老师以为的冷,有一种热是老师以为的热'时,儿童立场的实现过程才会变得更温暖、更实在、更具品质。"

园本化研讨从评价内容的解读、分析、实施等方面,指引教师全方位解读儿童,不断用评价追随儿童发展,感受儿童成长的力量。

（二）自然笔记

《3—6岁儿童学习与发展指南》中"科学探究"子领域中明确指出,"能根据观察结果提出问题,并大胆猜测答案。能通过简单的调查收集信息。能用图画或其他符号进行记录"。自然笔记是儿童运用照片、绘画、符号等形式记录在自然探索活动中的发现,通过有目的、有计划地实地观察、分析,让儿童运用自己的方式去表现自己看到、感受到的大自然,从而为儿童发展评价提供事实证据。基于儿童年龄特点,结合《3—6岁儿童学习与发展指南》,我园对各年龄段儿童的行为表现目标及表征方式进行了梳理。(见表5-3-3)

表5-3-3 各年龄段自然笔记表征方式梳理

年龄段	行为表现目标	表征方式参考
小班	喜欢用简单的图画或符号表达一定的意思。	小口袋(实物)、表格表单(贴贴画画)、照片(拍立得)等。
中班	能用图画和符号表达自己的愿望和想法。	记录、简单的日记等。
大班	能用图画和符号表现事物或故事。	思维导图、数据对比记录等。

自然笔记表征体现了儿童的探索过程,是儿童获取信息的呈现方式,也是家长、教师等成人读懂儿童行为的关键。各年龄段自然笔记表征方式梳理,为家长、教师等成人在表征中读懂儿童的行为、促进儿童多方面发展提供有效帮助。

二、家长参与评价,形成育儿合力

《幼儿园教育指导纲要(试行)》指出,要家庭教育是儿童教育中不可或缺的一部分,幼儿园应主动吸引家长参与到儿童发展评价中,转变家长陈旧的评价观念,让家长成为儿童发展过程中的参与者、合作者和促进者,提升其评价意识,增强其评价能力。家长参与儿童成长过程中的学习评价,有着积极意义。我园帮助家长树立科学的发展性评价理念,增强发展性评价意识,明确发展性评价内容,积极收集记录和分析判断儿童表现,从而帮助教师对儿童在自然探索活动中的发展情况做出客观评价。同时,倡导家长通过自然观察、自然笔记中的互动及案例撰写,在一定程度上帮助教师多角度、多方面地了解儿童表现和发展水平。

（见表 5-3-4）

表 5-3-4　"自然亲子营"家长观察记录表

时间:2021 年 12 月 26 日　　地点:汇龙潭　记录者:大 1 班叶梓阳妈妈

培养目标	表现行为观察	分析
亲自然	进入汇龙潭,儿童心情都非常愉悦。	秋天带领儿童一起开展探索活动非常有意义。
爱探索	阳阳:有的树叶已经枯萎了,有的树叶还是绿绿的。 龙龙:绿色树叶不怕冷,所以叶子不会黄。 倩倩:会变颜色的树叶,会不会怕冷? …… 结合儿童讨论,一起进行研究。	儿童的探索欲望非常强,本来只是想带领他们去找找树叶,进行比较,但是在寻找中,他们产生了哪些树叶不怕冷的话题,并展开研究。
善合作	针对儿童的发现,分组寻找不同颜色树叶,并集中比较讨论。 "阳光组"儿童:会一起去寻找,因此发现25 种树叶,并在观察比较中发现叶子变色的秘密。 "飞轮组"儿童:飞飞和轮轮,发现 10 种。 "公主组"儿童:合作寻找树叶,发现叶片越厚,储存水分越多,保水能力越强,树叶就不容易变色。	过程中发现,会合作的小组不仅发现的树叶多,而且获得的秘密也更多。
分析与支持	结合季节,带领儿童到公园里与大自然亲密接触,我觉得是非常有意义的,而且这次活动的目的性非常强,就是寻找秋天的落叶。过程中,我们发现儿童的学习能力是无限的,在大自然中,他们发现了有关树叶和大树的许多秘密,增长了知识。 　　下一步计划:带领儿童去小区树林里和大自然亲密接触,获取更多有关大树的秘密。	

该案例让我们感受到家长在评价中教养态度、教养行为的转变。在亲子探索活动过程中，家长学会了理解与尊重儿童，学会了包容和悦纳儿童，学会了等待与支持儿童。在评价中，家长也在不断收获和成长。

三、课程研讨，促进课程发展

我园将儿童在探索学习活动前、中、后的探索轨迹及态势进行对比，使评价更客观、更具可信度，力求评价的可视化、动态化，让后续指导更科学。另外，我园还积极发挥"儿童研究中心"功能，通过中心的"三库一会"载体作用，定期分析各班儿童相关探索轨迹，开展专题研讨，梳理成果与经验，寻找问题与不足，促进教师课程领导力的提升。

总之，评价让家长成为儿童成长的陪伴者，评价助推了教师专业发展，评价让儿童获得了充分的个性化发展……

第六章

课程是大自然的空间

　　走进自然,聆听自然,感受自然,融入自然,大自然中的一花一叶皆世界、一草一木皆课程。探寻有趣的课程资源,创造性地利用和拓展儿童的学习空间,让儿童在充满生命力的自然环境中自由探索、自在成长。

陈鹤琴先生曾指出,儿童的知识和经验,是在与自然和环境充分的接触中积累起来的。① 因此,环境在课程实施中起到举足轻重的作用。

---

① 赵旭莹,张晨晖,刘思纯.以自然润泽生命 以探究激发成长——幼儿园自然探究课程的实践与思考[J].学前教育,2021(19):28.

▎第一节▎
课程空间的整体布局

2017 年,我园已经开始着手关于"主题背景下幼儿园户外探索型学习活动的实践研究"项目的探索。但研究更趋向于活动的设计与实施,对于活动之间的关系与逻辑,资源运用与构建的整体性,活动的实施成效缺乏相应的研究。而儿童自然探索课程的建构和实施将是对该项目的延伸。它可以通过自然活动课程、人文活动课程、社会活动课程,三位一体、系统地为教师提供教学方向,为儿童提供开放的学习环境。

一、立足儿童发展,优化课程环境

三年来,基于儿童对探索活动的愿望与学习发展规律,结合幼儿园大楼五个花瓣造型的中心绿地及户外场地,我园对幼儿园园内外的环境资源不断优化升级。(见表 6 - 1 - 1)

表 6 - 1 - 1　儿童自然探索课程"七园一林 N 基地"

内容	功　　能
丫丫百草园	园内种植有各类生活中常见的中草药,如薄荷、迷迭香、艾草、蒲公英等。儿童通过调查、观察、探索,了解植物的保健与治病作用,探究有特殊功效的植物,感受植物与人们生活的关系。
丫丫小菜园	儿童在园内种植、照料、收获不同季节的农作物,如花生、小麦、红薯等,探索发现农作物不同生长阶段的显著特征、差异与变化。
丫丫小花园	儿童自主创设花园布局,种植自己喜欢的各种花草,观察、照顾、发现花草的不同变化,用花草制作书签、香水等。

内容	功　能
丫丫水乐园	是结合园内小池塘创建的水乐园,提供多种低结构材料,儿童可以和同伴在水中,用木板、瓶子、绳子等材料探索造桥、造船、造喷泉,探索不同材料在水中的沉浮等,发现常见的物理现象;探索水中动植物,观察动植物的特征。
丫丫萌宠园	园内饲养有家禽家畜,如兔子、山羊、小猪、鸽子等。儿童观察发现动物的成长变化,并探索照料动物的多种方法,增强爱护动物的情感。
丫丫艺美园	儿童探索运用园内不同的自然元素(如树枝、树叶、石头、水等)进行创意表现,感受和欣赏大自然的美。
丫丫光影园	儿童尝试运用多种工具、材料,与大自然中的光进行互动探索、感受光影的奇幻。
丫丫小树林	儿童观察、照料小树林里的林木,感受不同季节小树林的变化,并开展树叶实验等探索活动。
丫丫N基地	我园对园外自然资源进行调查和梳理,建立社会实践基地,家园携手定期带领儿童走进大自然、探索世界。

综上,我园链接主题学习内容,形成"七园一林N基地",使探索内容更多元。

二、立足儿童探索,追求资源功能最大化

园所整体环境不断重构,实现了立足课程内涵价值的资源盘活。而环境资源的最终价值体现在儿童的活动经历中。如何让户外环境充分满足不同年龄段儿童的探索需求,成为环境创设的必答题。通过实践研究,我园从"同类型多场域""同场域多资源"两方面入手,实现户外环境资源的最大价值。

(一) 同类型多场域,满足平行探索需要

我园结合儿童的主题经验、年龄段探索特点等,打造4个植物园区,分别聚焦

蔬菜、农作物、花朵、中草药,凸显同类型场域的年龄段针对性,实现同一时间段不同年龄段的探索需求。

(二) 同场域多资源,满足差异探索需要

在其他不同场域中,如何满足不同年龄、经验差异儿童的探索需要? 我园尝试同场域多资源融合,形成多元、开放的内涵,实现价值的多层次、多种类、多可能。例如在"丫丫小花园"中,针对小年龄儿童设计花圃,便于儿童观察、比较、体验;同时设置留白自主种植区域,满足大年龄儿童自主设计、规划建造小花园的需要。

┃ 第二节 ┃
课程空间的细节考量

户外环境在课程实施中有着举足轻重的作用。但从环境变成课程资源是需要设计的,要考虑环境与课程、主题活动之间的关系,以及儿童学习需要与发展之间的关系。

一、丫丫百草园

(一) 价值与意义

中草药是中华民族的瑰宝,更是中华优秀传统文化的精粹。为帮助儿童了解祖国的优秀传统文化,我园从儿童身边事物开始,在"丫丫百草园"里种植、养护中草药,一是满足儿童了解中草药的迫切愿望,激发儿童种植、养护和观察中草药的极大兴趣;二是鼓励儿童尝试主动探索和积极发现,体验成功的快乐;三是让儿童初步认识中草药与人们生活的关系,如中草药能治病等;四是指导儿童探索周围生活中常见的中草药的基本特征和品种;五是引导儿童利用自然环境中的中草药制作相应的生活物品,使其喜欢上用各种材料、工具、方法大胆进行创造活动。

(二) 空间与布局

根据儿童探索的相关经验和学习需求,我们倡导师幼共同对"丫丫百草园"进行合理规划和设计。"丫丫百草园"里有多元化的活动区域,主要包括:种植区域、活动区域、分享区域。种植区域包括:三个中草药种植区(结合季节特征种植中草药)和一个留白区(结合儿童学习需求,种植儿童喜欢的中草药)。活动区域包括:固定活动区域和自主活动空间(儿童制作、观察探索)。分享区域是儿童在活动后分享经验的区域。(见图 6 - 2 - 1)

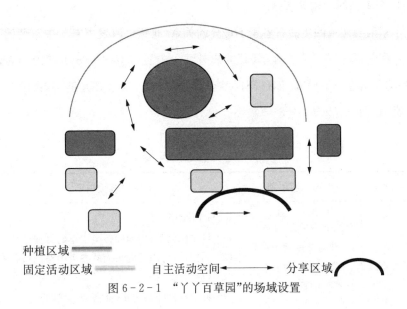

种植区域 ▬▬▬▬▬

固定活动区域 ▬▬▬▬▬ 自主活动空间 ◄▬▬▬▬► 分享区域 ◠

图6-2-1 "丫丫百草园"的场域设置

(三) 资源与运用

1. 与主题核心经验链接

"丫丫百草园"的多元资源有着独特的价值,与不同年龄段主题核心经验对接后,能产生相应内容链接。(见表6-2-1)

表6-2-1 与主题核心经验链接

资源内容	主题核心经验	内容与玩法链接
丫丫百草园	大班:有用的植物 兴趣(探索植物、兴趣种植) 特征(植物种类、植物特性) 关系(植物能保健) 种植(照料、养护)	1. 有用的中草药:通过看、闻、摸、扫码了解常见中草药的名称、用途 2. 自制品:采摘、洗净、晾晒后制作草药香包、香水、驱虫水等 3. 草药种植:种植草药,照料、浇水、施肥等

2. 与室内活动内容链接

中草药与儿童的生活有着密不可分的关系,儿童也萌发了有关中草药的一系列热点问题,我们将"丫丫百草园"的户外部分内容与室内部分活动内容有效链接、推动儿童进一步探究,如自制保健茶、制作香水。通过相互链接,帮助儿童积累丰富的经验。(见表6-2-2)

表6-2-2　与室内活动内容链接

资源内容	户外内容示例	室内链接内容
丫丫百草园	有用的中草药 1. 种植常见的中草药 2. 尝试用多种方法探索常见中草药的名称、用途	1. 与个别化链接 (1) 自制保健茶:用园内各类中草药做保健茶 (2) 制作香水:用园内采摘的各类中草药做香水 2. 与自然角链接 (1) 种植有气味的植物(如薄荷、迷迭香等) (2) 种植有趣的植物(如猪笼草、含羞草等)

(四) 设计与案例

结合"丫丫百草园"的探索,各班分别梳理了具有班本特色的设计活动和案例,推动了儿童自然探索课程的实施,最终促进儿童个性发展。

1. 经典班本方案样例(见表6-2-3)

表6-2-3　"丫丫百草园"班本方案

(一)百草探秘	
材料	1. 工具类 放大镜、显微镜、儿童自带的手机或 iPad、篮子、记录册、剪刀、镊子、工具包、压花器、茶包、香包、背篓、工具包、铲子、浇水壶 2. 辅助材料 相关图书资料

续表

玩法	1. 自然小记者 (1) 通过看看、摸摸、闻闻、拍照、比较、记录等方式了解中草药。 (2) 在调查后和同伴一起制作草药标本、植物记录册,并将它们呈现在展示板中与其他同伴进行分享互动。 (3) 寻找和发现园里未知的植物,以及不同植物的独特处,通过拍照、记录等分享。 2. 草药种植 (1) 在留白区中进行种植活动,可进行浇水、施肥等。 (2) 种植过程中对种植的方法和植物的生长变化等进行记录和质疑。 (3) 形成植物日记和探索故事。 3. 有用的中草药 通过采摘、分类晾晒不同种类的中草药,调查了解中草药的作用,尝试配置不同的中草药茶包、中草药香包。
观察要点	(1) 关注儿童对不同草药的了解情况,如名称、功效、食用部分等。 (2) 关注儿童发现问题后的解决方法,如查找书籍、询问等。 (3) 关注儿童是如何记录发现、方法及问题的,以及记录形式有哪些。
	(二)神奇的中草药
材料	1. 工具类 纸巾、石臼、磨具、白糖、滴管、滴瓶、量杯、量勺、漏斗、毛巾、定妆盒等 2. 记录类 记录纸、笔、相关图书资料、儿童相机
玩法	1. 草药工坊 (1) 研磨不同草药,提取汁液,制作薄荷精油、防蚊贴等。 (2) 修剪薄荷植物,晒干后制作干薄荷粉,混合白砂糖制成薄荷糖。 (3) 利用薄荷、迷迭香等中草药的功效,制作痱子粉、薄荷糖等。 2. 薄荷养护 观察薄荷的生长变化,尝试将薄荷扦插、水培等,解决徒长、长虫等问题。 3. 雨水之谜 利用雨水制作不同气味、不同功效的香水喷雾,观察比较其中的不同。
观察要点	(1) 关注儿童使用各种工具的方法,如石臼捣碎、石磨研磨等。 (2) 观察儿童对不同植物之间的观察、对比,对不同植物的功效的了解程度。 (3) 关注儿童在过程中遇到问题是如何解决的。

2. 教师活动案例

案例　　"野草研究站"的奔跑之旅

除草大行动

"五一"假期后,重返幼儿园的孩子们发现"丫丫百草园"里野草丛生,便纷纷开始了"除草大行动"。在除草时,小米拿着放大镜对我说:"老师,你看,我发现这几种野草长得不一样!"小小的野草还有区别?我仔细地和小米一起将几种野草放在一起进行了对比,果然发现不同的野草在外形特征上有所不同。我建议她用手机软件"形色"拍一拍、扫一扫。很快,她又惊喜地告诉我:"原来这叫小蓬草,可以用来喂小猪吃!"小米的发现吸引了不少孩子的注意力:"小米你这是在哪里找到的?""给我看看视频,小猪真的喜欢吃吗?"活动分享中,小米兴奋地向大家介绍了自己的发现,我继续追问:"野草都是一样的吗? 它们有什么用? 是不是都应该扔进垃圾桶呢?"我的问题引起了孩子们的激烈讨论:

儿童1:"狗尾巴草可以做好看的手环。"

儿童2:"有些野草可以做草药。"

儿童3:"有些野草长得有点像,但不是同一种。"

儿童在百草园进行"除草大行动"

儿童发现"小蓬草"

分析与思考

儿童天生好奇、爱探究，在大人眼里毫不起眼的野草在他们眼中却是那么新奇有趣。原本活动预设的是"在'丫丫百草园'里探索除草的不同方式"，但当小米发现了特别的野草时，其他儿童立马被吸引住了，并引发他们对野草的大讨论，说明他们对野草非常感兴趣。而兴趣又是儿童进行探索的最好的老师，它推动儿童去观察世界、发现问题，从而获得各种有意义的成长经验。

基于儿童的学习行为，"野草研究站"下一步活动计划如下。首先：通过提问，共同建构认识。从儿童探索及交流分享的过程来看，儿童对野草有粗浅的初步经验。此时教师通过提问进一步帮助儿童建立事物之间的关系，如"野草只能喂小猪吗？""你想用野草做什么？"，与儿童共同建构认识。其次：通过讨论，为后续探索做准备。基于儿童对野草产生的浓厚兴趣，我们可以通过与儿童共同讨论，把所有的发现和问题一一列举出来，将相同的问题整理合并，并帮助儿童梳理行动中的计划与想法，比如"你需要一些什么呢？""需要老师帮助你干吗？"。在了解儿童的需要之后，再通过材料支持、提供不同工具等方式为后续探索做好准备。

在生成性活动中，教师如何"助跑"儿童学习显得极为关键。基于儿童问题，教师要制定相应的活动学习目标，并设计学习观察评价表。

学习观察评价表

学习目标	1. 在"野草有没有用"的问题情境下，鼓励儿童尝试运用观察、比较、提问、调查等方式解决问题。
	2. 激发儿童主动学习的意识，提高其信息运用能力和学习意识，初步发展中班儿童的合作能力。

3. 打开课堂、开阔视野,以灵活多样的组织形式让儿童走进大自然,以亲身实践、感官体验为主要方式,持续激发、支持儿童主动探索,使其获得各种直接而有益的经验,促进儿童全面发展。			

观察维度	观察要素	典型行为	程度:1—5
学习兴趣	1. 愉悦		
	2. 主动		
	3. 持久		
科学探究	1. 观察与比较		
	2. 主动、深入探索		
	3. 质疑同伴		
情感表达	关心、爱护动植物,关爱生命		
学习品质	1. 专注投入		
	2. 解决困难		
	3. 遵守规则		

教师可以收集儿童的提问,如在"野草有没有用"的问题情境下,根据儿童的经验与需要以及近阶段教育目标对问题进行初步筛选,再就这些问题与儿童一起讨论、选择。作为教师,要帮助儿童对"问题"进行有选择性的归纳、提炼,形成环环相扣的"问题链"。

热点推动学习

项目开展一周,近期儿童的热点是运用"形色"软件了解不同野草的外形特征。这一天筱博正在"野草研究站"玩,只见他带着竹篓和剪刀,先是拿放大镜仔细观察野草的

外形，接着返回"野草研究站"拿出手机扫了扫，看起了手机
上的介绍视频。看到我，他向我介绍道："老师，这棵野草长
得有点像马的尾巴。它叫雀麦，我准备把它做成标本！""是
吗，这棵野草真特别！还有什么发现？"我问道。筱博回答：
"我还发现视频里说雀麦可以用来治病，可厉害了！"……

制作野草标本

分析与思考

筱博通过使用数码设备主动学习，并尝试制作野草标本，
在研究野草的过程中展现出了良好的学习品质，这正是因为生
成的内容是他感兴趣的。而在儿童探索过程中，教师虽然没有
直接参与、介入他们的学习过程，但是通过提供手机、放大镜等
材料有效地支持了儿童的主动学习。当我们将话语权交给儿
童，接纳儿童想法后，教师和儿童角色也在悄然转变。儿童从
探索话题、活动计划到小组选择、材料收集，全程参与，成为了
学习的主人，真正获得了"奔跑"的自由。教师作为环境、材料的
支持者，探索过程的观察者、参与者和推动者，从台前走到幕后。

引发新生成

项目持续了三周，我们在班中举行了一场"野草发布会"，
由标本制作者介绍相关野草。但在发布会之后，儿童发现他们

已经观察、发现了大多数"丫丫百草园"里可以找到的野草,探索兴趣也有所减退。那是不是到了结束这场项目化学习的时候呢? 我们并没有急着结束,而是开展了一场"头脑风暴"。

教师:"经过一段时间的探索,恭喜你们都成为了'野草小达人'! 那你们对野草还有什么问题或者发现吗?"

儿童1:"我在大型玩具那里看到有野草,但我不知道那是什么野草。"

儿童2:"小树林、菜园那里也有!"

教师:"其他地方的野草和百草园的野草长得一样吗?"

……

分析与思考

一是户外资源给予儿童生成空间。相较于室内,户外场地更大,户外资源也更丰富。以往儿童常常坐在教室里通过图片、视频等获取关于植物"生长方式""外形特征"的经验,也不会关注到毫不起眼的野草。而当学习阵地转向户外,儿童在探索过程中获得了解决问题、同伴合作、有序规划等主动学习的价值,激发了他们无限的学习潜力。二是生成内容激发儿童主动探究。对于中班下学期儿童而言,探索、发现不应该仅仅停留在表面,而要进一步关注儿童的探索品质、思考问题的多角度,以及实际操作中遇到的问题、解决方法等。当儿童的兴趣看似减弱时,教师无需急于结束,而要耐心观察儿童后续的兴趣和热点。当儿童自发生成主题时,教师可以以参与式的方式进行互动,提出开放性的问题来推动主题的形成。三是预设和生成相辅相成。站在全新的二期课改背景下,教师预设活动和儿童生成活动是相辅相成的。预设的目的之一就是要为儿童的生成做铺垫。因此教师在设计预设活动时除了要考虑儿童的当前经验、活动中儿童的参与性、如何使儿童有直接体验外,还要考虑如何给儿童留下生成活动空间,从而引发儿童新的探索兴趣。

（案例提供：嘉定区红石路幼儿园　巢莹）

总之，大自然给予儿童天然的学习成长环境，儿童在大自然环境中互动、感知与探索，不断生成新问题和新经验。以此，他们能更好地体验自然、感悟自然，不断成长。

二、丫丫小菜园

（一）价值与意义

蔬菜和水果是儿童生活中必不可少的食物，结合儿童的生活经验，引导儿童通过回归自然，参与菜园种植活动。一是鼓励儿童乐于参与"丫丫小菜园"种植活动，培养坚持照顾、观察蔬菜生长过程的兴趣；二是在种植中，引导儿童学会区分不同蔬菜、水果的种类、观察不同蔬果的外形特征、习性与生存环境的适应关系，了解蔬果与人们生活的关系，如蔬菜有营养、能保健等；三是让儿童在收获和品尝活动中，体验采摘乐趣，感受丰收快乐；四是让儿童喜欢上用"丫丫小菜园"的蔬果进行大胆创造，体会创造快乐。

（二）空间与布局

根据儿童的相关经验和学习需求，倡导师幼共同对"丫丫小菜园"进行合理规划和设计，形成多元化种植区域。"丫丫小菜园"主要包括：种植区域、活动区域、分享区域。种植区域包括：田园区（结合季节特征种植时令蔬菜）；留白区（结合儿童学习需求，种植儿童喜欢的蔬菜）；无土栽培区（探索新型栽种方法）；水培区（探索种植适合在水里生长的蔬菜）；浇灌区（创设便于儿童自主浇灌的区域）。活动区包括：固定活动区域（儿童收获、洗晒、制作等）及自主探索区域。分享区域为活动后伙伴分享经验的区域。（见图6-2-2）

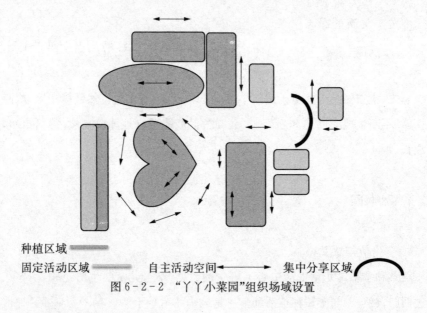

种植区域 ▬▬▬▬

固定活动区域 ▬▬▬▬   自主活动空间 ◄▬▬► 集中分享区域 ⌒

图 6-2-2 "丫丫小菜园"组织场域设置

(三) 资源与运用

1. 与主题核心经验链接

"丫丫小菜园"的多元资源有着独特的价值,将其与不同年龄段主题核心经验对接后,产生相应内容链接。(见表 6-2-4)

表 6-2-4 与主题核心经验链接

资源内容	主题核心经验	内容与玩法链接
丫丫小菜园	**大班:有用的植物** 兴趣(探索植物、兴趣种植) 特征(植物种类、特性) 关系(蔬菜有营养) 种植(照料、养护)	1. 收获与种植 (1) 种植、照料、收获蔬菜。 (2) 洗切,制作菜干。 2. 蔬菜艺术坊 (1) 写生:选择喜欢蔬菜进行写生。 (2) 植物染色坊:提取色素进行艺术扎染。
	中班:好吃的食物 感知辨别(食物外形特征、味道) 样样爱吃(营养与搭配)	3. 蔬菜面点 (1) 采摘、清洗、榨蔬菜汁。 (2) 用蔬菜汁制作各类面点并品尝。

2. 与室内活动内容链接

儿童自然探索建立在一定的自然环境及资源基础之上,我们将"丫丫小菜园"与室内班级自然角、个别化活动对接,形成自然探索的整体环境。如儿童在"丫丫小菜园"种植的蔬菜可在室内个别化活动中尝试进行植物染色、制作菜干等;又如儿童在菜园浇水时发现取水不方便,便产生在室内个别化设计自动浇灌器的创意。从户外到室内,两类活动相辅相成,使探索活动焕发生命力。(见表6-2-5)

表6-2-5　与室内活动内容链接

资源内容	户外内容示例	室内链接内容
丫丫小菜园	中班:好吃的食物 参与户外蔬菜种植、照料和收获。	1. 与个别化链接 (1) 提取植物色素进行艺术创想。 (2) 设计自动浇灌器,并到户外菜园探索。 2. 与自然角链接 (1) 种植、照料。 (2) 收获蔬菜;洗切,制作菜干。

(四) 设计与案例

"丫丫小菜园"探索活动积累了适宜儿童探索的班本内容和活动经验,增强了儿童的探索兴趣和探索能力,助推儿童发展。

1. 经典班本方案样例(见表6-2-6)

表6-2-6　"丫丫小菜园"班本方案

(一)蔬菜采摘(以健康领域为主)	
材料	环境:展示架、手机 材料: 1. 工具类:铲子、耙子、剪刀、篮子 2. 其他:记录纸、笔

续表

玩法	1. 根据蔬菜的生长特征,选择合适的工具进行采摘。 2. 用多种感官观察了解蔬菜的不同特征,并进行分类记录。
观察要点	1. 关注儿童使用工具的方法,以及采摘、挖掘蔬菜的方法。 2. 关注儿童分类的经验,以及蔬菜分类的方法。 3. 关注儿童是如何记录发现、方法及问题的,记录形式有哪些。
(二) 蔬菜移植(以科学领域为主)	
环境材料	环境:移植操作台 材料:各类铲子
玩法	1. 尝试和同伴用多种办法移植蔬菜,并能将方法进行记录。 2. 坚持对蔬菜移植后的生长变化等进行记录,日常关心照料蔬菜,如浇水、施肥等。
观察要点	1. 关注儿童移植的经验。 2. 关注儿童移植的方法。 3. 关注儿童在过程中的合作协商情况。

2. 教师活动案例

案例   摘柚子

　　菜园角落的柚子树挂满了金灿灿的柚子,吸引了儿童的注意:"老师,这些柚子可以摘了吗?"我点点头:"当然啦!不过,有点高,你们能行吗?"儿童自信满满地回答:"我们肯定行的。"于是,一场摘柚子行动便开始了。

　　爬树

　　儿童立刻想到爬树摘柚子,并且马上召集了小伙伴开展行动。小刘抱住树干开始尝试,可是手往上爬,身体却跟不上,爬树有点困难。

搭梯子

于是他们便想到搭个梯子爬上去摘柚子。他们找来了建构吸管,搭好长长的"梯子",架在了柚子树干上。他们满心期待,准备爬上"梯子"摘柚子。可是,建构吸管太软了,又容易断,连第一层都无法爬上去。第二天,儿童继续搭梯子,理由是昨天的可能没接牢。

尝试爬树摘柚子　　　用吸管搭建梯子爬树　　　吸管太软,无法爬上去

为什么儿童无法成功采摘柚子? 生活中采摘经验的缺乏、可供儿童尝试的材料等已然局限了他们的探索。要告诉他们方法吗? 那将失去这场采摘的意义。怎样让儿童的探索可以有新的方向? 第二天,我找来了一些树枝,放到了材料架上,看看儿童会有怎样的想法。

树枝连接

当儿童看到树枝后,第一反应便是把柚子打下来。只见他们拿起树枝便举了起来,可是,树枝太短,根本够不到。"我们把树枝接起来吧!"果果提议。儿童们似乎都很认同,一起尝试接树枝,两根不够就再接一根。他们用胶带将三根树枝牢牢连接在一起。"这下够长了!"果果举起树枝,正好可以够到树上的柚子，这下，打柚子行动正式开始！一个人力气不够，他们就两个人一起打，终于，在大家的努力下，柚子顺利被打了下来！"我们成功啦！"儿童欢呼起来！

儿童将树枝连接在一起

儿童用自己连接的长树枝打柚子　　　　　　　儿童成功打下柚子

我的思考

在摘柚子行动中，儿童尝试用爬树、搭梯子的方法，都无法成功，对于他们的"执着"，作为教师，起初我很想走过去提醒他们换种方式,但最终还是忍住了,我想给他们一点时间,也给自己一点时间,看看他们能不能在尝试中慢慢改变自己的想法。在等待中,我发现他们失败的根本问题在于材料的缺失。因此,基于儿童探索的需求,我为他们提供了可能需要的材料,放置在材料架区域。果然,在材料支持下,儿童探寻到了连接树枝打柚子的想法。观察是教师应具备的重要能力,我们不单要观察儿童的探索行为,同时也要通过观察思考如何支持其探索,解读他们的真实需求。当儿童因为材料缺失导致探索困难时,适时为他们提供适宜的材料,做一个材料的点拨者,我们会发现,材料的增减会让儿童的探索"柳暗花明"。

(案例提供:嘉定区红石路幼儿园　夏雯)

总之,课程的发展、环境的构建都是儿童发展的支架。因此,在资源从 1 到 N 的过程中,既要满足课程发展的需要,也要关注儿童的热点与需求,需要注意"留白",预留儿童的生成空间。

三、丫丫小花园

(一)价值与意义

大自然是儿童最好的玩伴,"丫丫小花园"里的鸟语花香,总能满足儿童的好奇心。儿童在自主规划、创建小花园的过程中,一是在观察和探索生活中常见的花草植物,了解其生长方式和不同特性,培养爱护花草植物的情感;二是用多元方式探索花朵的秘密,积累观察和探究的方法、经验;三是运用花园中的花草进行多种形式的艺术创作,表达对美的感受。

(二) 空间与布局

根据儿童的自主学习需求,师幼共同对"丫丫小花园"进行合理规划和设计,形成种植区域、活动区域、分享区域。种植区域包括:已经栽种好的两个花卉区(结合儿童探索兴趣、季节特点栽种的),两个留白区(结合儿童的学习需求,打造属于儿童的童话花园)。活动区域包括:固定活动区域(利用花草,开展干花制作、色彩提取、写生等探索活动),自主活动区域。分享区域为活动后伙伴分享经验的区域。(见图6-2-3)

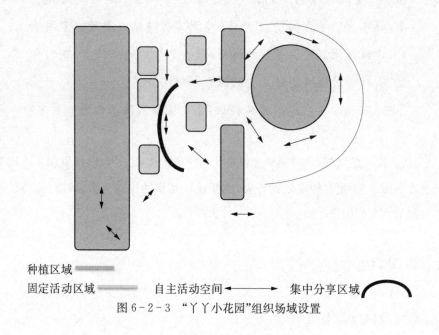

种植区域 ▬▬▬▬
固定活动区域 ▬▬▬▬   自主活动空间 ◀━━━▶   集中分享区域 ⌒

图6-2-3 "丫丫小花园"组织场域设置

(三) 资源与运用

1. 与主题核心经验链接

对接不同年龄段主题核心经验,"丫丫小花园"产生了相应的内容链接。(见表6-2-7)

表 6 - 2 - 7　与主题核心经验链接

资源内容	主题核心经验	内容与玩法链接
丫丫小花园	大班:春夏秋冬 感受乐趣(照顾植物) 体验美丽(不同的自然风景美) 发现变化(四季)	1. 花的秘密:观察、寻找花园里的花朵,用点读笔、手机扫码等了解花朵。 2. mini 花园:为小花园设计浇灌的管道,为花儿浇水;根据不同方式设计自己心目中的花园。 3. 干花实验站:用多种方式探索做干花。 4. 花汁游戏:用多种方法提取花汁,进行印染,探索色彩的变化。 5. 花朵营养土:用多种自然材料自制花朵营养土。 6. 昆虫研究站:观察花园中的昆虫,探索昆虫的秘密。 7. 我是小花农:种植。
	中班:春天来了、在秋天 多样表达(大自然的美) 感知特征(树叶、秋虫) 寻找发现(春芽、春苗等万物生长) 关注变化(动植物、自然现象等变化) 多样表达(大自然的美)	
	小班:小花园 喜欢(观察、爱护花草、触摸) 发现(颜色、大小、多少)	

2. 与室内活动内容链接

儿童所处的年龄阶段决定了他们获得发展的最重要方式是与周围真实环境、生活世界建立直接的联系。基于他们的愿望及"丫丫小花园"的特点,我们与室内班级自然角、个别化活动进行互动链接,形成相关的活动内容。如:春天,儿童对花丛中的蝴蝶产生了兴趣,室内外都开辟了"蝴蝶研究站",户外捕捉蝴蝶、室内研究观察蝴蝶,让儿童在真实、立体的环境中更灵动地学习。(见表 6 - 2 - 8)

表6-2-8　与室内活动内容链接

资源内容	户外内容示例	室内链接内容
丫丫小花园	中班:春天来了 1. 开展种植、写生、制作植物标本等活动 2. 捕捉花园昆虫(如蝴蝶、蚱蜢等)	1. 与个别化链接 (1) 采摘的花草做成干花、花草标本等。 2. 与自然角链接 (1) 种植与户外相同的花草,探索户外和室内花草生长的秘密。 (2) 喂食昆虫,探索昆虫的秘密。

（四）设计与案例

从儿童个体经验、兴趣与班级情况出发,建构和实施科学、合理的班本化课程显得尤为重要。通过一次又一次的探索调整,"丫丫小花园"积累了适宜各班儿童探索的班本方案,教师在课程实施中不断成长。

1. 经典班本方案样例(见表6-2-9)

表6-2-9　"丫丫小花园"班本方案

（一）花的秘密(以科学领域为主)	
材料	环境:小花园、桌椅、小推车、小黑板等 材料: 1. 工具类:防摔相机、放大镜等 2. 材料类:小花园种植的鲜花、儿童收集的鲜花等 3. 其他:记录纸、水彩笔
玩法	用放大镜、数码显微镜观察、比较花园中不同花朵不同时期的变化及特征。
观察要点	1. 观察儿童探索花朵的方法。 2. 关注儿童对花朵产生的问题及解决方法。
（二）花的创想(以艺术、科学领域为主)	
材料	环境:陈列架、桌子、椅子、模特等 材料:

续表

	1. 工具类:美术工具、水桶、小毛巾、手套、镊子、石头、勺子
	2. 材料类:儿童收集的各种鲜花、野花,小花园采集区采集的鲜花
	3. 其他:与儿童共同收集的生活材料
玩法	1. 用多种艺术表现方式 DIY 花园里的花朵。 2. 用多种方法提取花汁,观察、比较哪种方法更容易提取、更容易留下印记。
观察要点	1. 关注儿童利用花朵进行 DIY 设计的创意。(花朵、材料的选择,图案的设计等) 2. 关注儿童探索拓印花朵颜色的不同方法。
(三) 干花实验站(以科学领域为主)	
环境材料	环境:小花园、桌椅、小推车、小黑板等 材料: 1. 工具类:镊子、手套、扭扭棒、干燥剂、压花器等 2. 材料类:小花园种植的鲜花、儿童收集的鲜花等 3. 其他:记录纸、水彩笔
玩法	1. 探索用不同的方式做不同干花。 2. 观察、比较不同制作干花的方法,比较优缺点。
观察要点	1. 观察儿童根据鲜花的特征制作干花的不同方法。 2. 关注儿童对不同制作干花方法的比较和探究。 3. 关注儿童对花产生的问题及解决方法。

2. 教师活动案例

案例 暖暖冬日里的护花使者

冬日雨后

冬日,一场大雨过后,当我们再次进入"丫丫小花园"时,花坛里有些积水,花瓣和叶子都浸泡在了雨水里。看到儿童担心的样子,我问:"下雨可以让花朵喝饱水,但是现在雨水太多了,怎么办?"乐乐说:"要赶紧把花搬去别的地方,水太多,花也会淹死的。"

于是一场雨天的"紧急救援"便开始了。

雨后的三色堇　　　　　　　　进行转移的过程

保暖小分队上线

大雨之后，紧随便是几轮降温，"丫丫小花园"的植物换上了冬日的外衣。一次探索中，儿童发现平日绽放着的三色堇"低下了头"，菊花花瓣也"褪色"了。看到小花渐渐枯萎的样子，有了之前一次"救援"的经验，儿童又产生了新的想法：试试给小花保暖，它们就不会枯萎了。于是，"保暖小分队"正式上线啦！大家各自搜集给小花保暖的方法，并根据自己的兴趣投票，参与到相应的小组当中。

保暖方法：	投票人数：
1. 用麻绳缠绕	★★
2. 挡风	★★★
3. 多晒太阳	★★★★★
4. 搭建暖棚	★★★★
5. 多加泥土	★★
6. 增加雨棚	★★★★★★★★
7. 补充营养	★★★★

我的思考

冬天,在我们以往的印象里,并不是一个适合植物生长的季节,但是当我们抛开既定思维,以儿童视角去观察,从他们的行动中我看到:**儿童的生活经验可以成为探索助力**。在户外探索前,儿童有过照顾班级自然角的经验,有种植蔬菜的经历,他们由此联想到花的生长也需要阳光、水分和营养。气温下降时,"丫丫小花园"的花朵完全暴露在风雨中,只有给小花保暖,才能延续它们的生命。他们善于思考,灵活地将自己的生活经验进行迁移。同伴间的小组合作,不仅促进彼此间的默契,大家也从实践中获得了更多好方法。

儿童在"雨中探索"带来意外收获

雨天自然探索,原本让我心里犯难:下雨会不会影响儿童探索的积极性? 雨天该如何观察,如何操作呢? 事实证明,自然就是最好的老师,雨水的浸泡让小花垂下了头,在儿童提议下,最终师幼共同完成了一次意想不到的"救援",让原本奄奄一息的小花,获得生机。

所以在与儿童共同探索日子里,于我而言也是一次宝贵的经历。从观察中,我不断更新着自己的想法与观念,用自己专业的力量支持儿童的每一次行动。同时,在观察中我学会做一个有心人,留心儿童的疑问、对话以及新的想法,加以记录和呈现,让学习痕迹成为探索过程中的独家记忆! 科学的进步源于人们的好奇与思考,尝试向未知的领域探索与研究,最终人类才破解了一个又一个难题。在儿童身上,我同样看到这些优秀品质,呵护儿童最纯真的想法,尝试放手让他们去体验,惊喜总是会在那些意想不到的时刻发生!

(案例提供:嘉定区红石路幼儿园　高翊君)

总之,主题背景下的探索因其体现着预设与生成相结合的特点,给予了儿童一定的生成空间。教师在对主题核心经验明晰的前提下,基于儿童的经验与学习需求,判断与筛选户外学习的必要性,思考户外学习的内容与形式,使儿童获得最佳的学习体验与最真实的感受。

四、丫丫水乐园

(一) 价值与意义

水,在我们的生活中无处不在。儿童和水有着不可分割的紧密联系,他们天生喜欢水、亲近水。"丫丫水乐园"一是满足了儿童和水亲密接触的愿望;二是引发了儿童的探究兴趣,儿童乐于动手动脑,尝试用实验、比较、记录等方法感知水的特性和变化,获得有关经验;三是在探秘中,儿童体会到人们的生活离不开水,乐意关心周围的水环境,爱护水资源,节约用水。

(二) 空间与布局

结合儿童的探索需求,"丫丫水乐园"设置玩水区域、活动区域和集中分享区域。玩水区域主要利用两个蓄水池及外部加设的水龙头和木质水槽,儿童可以探索跟水有关的内容。活动区域包括固定活动区域和自主活动空间,提供儿童放置材料,便于儿童桌面操作。集体分享区域主要是活动后伙伴分享经验的区域。(见图 6 - 2 - 4)

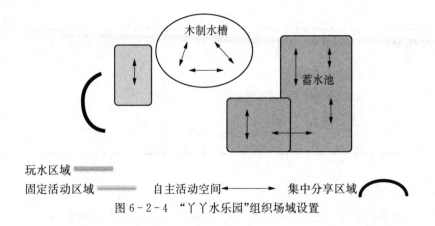

玩水区域 ▭▭▭

固定活动区域 ━━━　　自主活动空间◀━━▶　　集中分享区域

图 6-2-4　"丫丫水乐园"组织场域设置

(三) 资源与运用

1. 与主题核心经验链接

"丫丫水乐园"内的多元资源有着独特的价值,在不同年龄段的主题核心经验对接后,产生了相应的内容链接。(见表 6-2-10)

表 6-2-10　与主题核心经验链接

资源内容	主题核心经验	内容与玩法链接
丫丫水乐园	大班:有趣的水 特征(水的三态、沉浮、溶解等) 环保意识(关心水环境、爱护水资源) 关系(水与人、水与动植物) 动手动脑(水的小实验) 安全卫士(自我保护技巧) 中班:水真有用 探索发现(周围的水、水的用处) 操作实验(感知水的特性) 体验(水很重要)	1. 堵水游戏:观察水的流动。 2. 水管连接:观察水的流动。 3. 轮船开来了:用多种材料造船,探索水中沉浮。 4. 水娃娃旅行记:感知水的流动。 5. 水生动物乐园:饲养水中的动物,观察水中动物的特征。 6. 造桥:用多种材料在池塘中造桥。 7. 水中哈哈镜:探索水中倒影。

资源内容	主题核心经验	内容与玩法链接
	小班:好玩的水 乐于玩水(用各种方式玩水) 体验水的有趣(玩水) 探索水的流动(不同水声、水流动等)	

2. 与室内活动内容链接

围绕不同年龄段主题活动核心经验、领域核心经验,将室内探索与"丫丫水乐园"进行有效链接。比如,在造桥、堵水、造船等过程中,通过与儿童讨论、调查等,梳理儿童热点问题:搭桥的材料总是浮起来,水越深浮力越大吗? 哪些材料可以让水变得干净? 气球的大小会影响小船的速度吗? 哪些材料吸水力强,能成功堵住水的流动? 没有吸水性的材料就无法堵水了吗? 再让儿童通过亲身体验,认识了解水的一些基本特性,体会人与自然之间的关系、常见的物理现象及环境与人们生活的关系等。(见表6-2-11)

表6-2-11　与室内活动内容链接

资源内容	户外内容示例	室内链接内容
丫丫水乐园	中班:水真有用 1. 水管连接:观察水的流动 2. 用多种材料造船,探索水中沉浮	1. 与个别化链接 (1) 有趣的沉与浮:探索不同物体在水中的沉与浮。 (2) 过滤水:探索过滤水中杂质的好办法。 2. 与自然角链接 (1) 水管连接:连接水管,浇灌自然角的植物。

(四) 设计与案例

水是一种得天独厚的教育资源,我们以儿童的兴趣和经验为生长点,充分挖掘和利用水资源,拓展儿童的自然探索课程,在班本课程中形成有益儿童探索的方案和经验。

1. 经典班本方案样例(见表6-2-12)

表6-2-12　"丫丫水乐园"班本方案

(一) 造桥	
材料	环境:池塘 材料: 1. 儿童所需的搭建材料,如梯子、积木、轮胎、奶粉罐、塑料瓶、漂浮棒等 2. 记录纸、笔等 3. 捕鱼裤若干
玩法	尝试用多种材料、工具在小池塘上造桥。
观察要点	1. 关注儿童造桥的不同设计、材料的选择,遇到的问题,思考如何支持儿童的探索和问题解决。 2. 观察儿童对水的特性的感知和了解,及由此产生的热点。
(二) 堵水游戏	
材料	环境:堵水装置 材料: 1. 工具类:堵水设备 2. 材料类:儿童收集的探索材料,如石头、报纸、沙包、木片等;记录本
玩法	运用多种材料尝试"堵水"。
观察要点	1. 观察儿童对水的特性的感知和了解,及由此产生的热点。 2. 观察儿童选择哪些材料进行堵水游戏,成功或失败。 3. 观察儿童在过程中的记录和发现的内容、方法。
(三) 轮船开来了	
材料	环境:池塘 材料:

	1. 自然材料:木棍、木片、树叶等 2. 小船实验材料:扭扭棒、绳子、网、剪刀、双面胶、单面胶等
玩法	1. 尝试设计制作不同材质、造型的船,并尝试在水面上航行。 2. 进行小船实验。
观察 要点	1. 关注儿童造桥的不同设计、材料选择、遇到的问题,思考怎样支持儿童的探索和问题解决。 2. 观察儿童对水的特性的感知和了解,以及由此产生的热点。 3. 观察儿童在小船实验中的探索和发现。
(四)管道游戏	
材料	环境:出水口2个 材料:各种大小的管道
玩法	1. 尝试连接两个水管,观察水碰撞时发生的变化。 2. 尝试运用不同的管道进行连接。
观察 要点	1. 关注儿童在接管道时出现的情况。 2. 观察儿童看到水发生碰撞时的问题。 3. 观察儿童运用哪些方法进行连接及由此产生的热点问题。

2. 教师活动案例

案例　石桥的演变历程

搭石桥失败了

　　今天小谢和茜茜来到他们的造桥区域,准备利用新收集的石头材料搭建一座石桥。茜茜:"石桥该怎么搭?"小谢:"我们把石头固定在什么上面,这样就能变成石桥。"茜茜:"固定在木板上面吧,木板可以架在上面。"小谢:"会沉下去的吧,我们拿泡沫板试一试。"他们商量了一下,准备利用石头与泡沫板。小谢和茜茜准备了许多的工具,双面胶、玻璃胶、单面胶,尝试将石头固定在泡沫板上。经过一段时间的尝试,他们的石头始终粘不住。

不断尝试

利用周末时间,小谢和茜茜与家长进行了周围石桥的调查,调查后通过分享讨论,他们再次收集了树枝、纸箱盒、竹子。他们决定利用纸箱盒作为石砖来进行搭建。一开始他们利用双面胶的黏性把收集到的快递盒粘在一起,不一会儿,出现了

问题。小谢:"为什么纸盒也粘不牢,这么容易断?"茜茜:"难道是双面胶不够黏?"小谢:"我们要不要换一换别的胶带? 双面胶是不是太细了!"于是他们尝试用宽单面胶、玻璃胶让石桥变得更加牢固。

粘贴方法很重要

又过了几天,石桥在两个人的努力下,相比之前牢固了许多。但由于快递盒本身的重量,石桥还存在着随时会倒塌的风险。这天,小谢和茜茜穿着防水服来到水池边,想把粘好的石桥架在水池上。但是连接的石桥一直在摇晃。教师询问:"为什么石桥一直摇晃?"小谢:"我们用单面胶和玻璃胶一起粘的,我们贴在了纸盒的中间。"茜茜:"会不会是粘贴的地方太少了?如果粘得多一点呢?"小谢:"我想到一个办法,我们用大胶带把纸盒全部包围,这样纸盒就不会摇晃了。"教师说:"是个好办法,你们可以试试哦。"

我的思考

从儿童探索的故事中,**首先,可以看到大班儿童具有规划和小组合作的能力**。当我们把探索真正交给他们时,我们会发现他们都是一个个探索家,而我们要做的就是做个有心人,静下心来听听他们说的话,看看他们做的事,了解他们在活动中的不同表现和活动行为,并给予支持,这样儿童探索会变得更深入,他们的发现会变得更有共鸣。**其次,教师要学会主动放手**。著名教育家叶圣陶先生讲:"此如扶孩子走路,虽小心扶持,而时时不忘放手也。"由此可见,教育过程中教师不能只是一味地"扶着",需培养儿童积极主动的学习品质,给予儿童自我发现和探索的权利,让儿童能够以最大的热情主动地投入到学习活动中,成为一个主动学习者。在儿童的这次造桥活动中,我也给予"放手",让儿童有了自我发挥的空间,他们自主选择材料,自主协商造桥,遇到问题,不断探索解决,从而获得丰富经验。

（案例提供：嘉定区红石路幼儿园　王佳宁）

总之，在运用资源进行课程设计时，要抛开资源表象，思考各类资源特有的属性，将其与儿童的年龄特点和已有经验进行链接，从而真正发挥资源的教育价值。

五、丫丫萌宠园

（一）价值与意义

动物是儿童在成长过程中的亲密伙伴，儿童与动物有着天然之缘，他们喜欢与动物做好朋友，喜欢聆听动物的故事，对动物充满了好奇心和探索兴趣。"丫丫萌宠园"饲养了生活中常见的小动物，儿童在与动物的亲密接触中，一是能运用多种方法照料小动物（喂食、清洁等），并解决照料中遇到的问题；二是在观察中，了解园内不同动物的特征、生活习性，观察发现动物成长的不同变化；三是能用不同方法记录自己与小动物互动的趣事，培养喜爱小动物的情感；四是体会动物是人类的朋友，知道要保护它们。

（二）空间与布局

根据儿童的相关经验和学习需求，"丫丫萌宠园"在空间区域设置主要包括：3个饲养区域、活动区域、分享区域。饲养区域主要是饲养家禽家畜，如兔子、小猪、小鸟等；活动区域主要是儿童固定操作和与动物互动的区域；分享区域是活动后儿童分享经验的区域。（见图6-2-5）

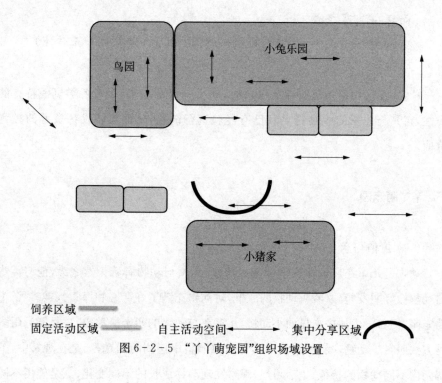

饲养区域 ▬▬▬
固定活动区域 ▬▬▬▬ 自主活动空间 ◄━━━► 集中分享区域 ⌒

图6-2-5 "丫丫萌宠园"组织场域设置

(三) 资源与运用

1. 与主题核心经验链接

对接不同年龄段主题核心经验,"丫丫萌宠园"产生了相应的内容链接。(见表6-2-13)

表6-2-13 与主题核心经验链接

资源内容	主题核心经验	内容与玩法链接
丫丫萌宠园	中班:在农场里、在动物园里 喜爱动物(有兴趣了解家禽、家畜) 观察比较(动物的外形特征和生活习性) 了解关系(家禽、家畜与人们生活的关系)	1. 小小饲养员:喂养、爱护动物,设计喂食器等。 2. 小小设计师:针对小动物的习性,为它们造家。

续表

资源内容	主题核心经验	内容与玩法链接
	小班:小兔乖乖、动物的花花衣 喜欢动物(亲近、观察、照顾) 观察动物(明显特征、习性)	3.动物日记:观察动物每一天的不同特征、生活习性,并用日记形式记录。

2. 与室内活动内容链接

依据最近发展区理念,"丫丫萌宠园"将室内和户外活动进行有效链接。如基于小兔子,儿童围绕户外观察到的兔子问题,在室内个别化区域中建造了"小兔的家",通过查找信息,不断解决探索中的困惑,为户外探索提供支持和帮助。(见表6-2-14)

表6-2-14　与室内活动内容链接

资源内容	户外内容示例	室内链接内容
丫丫萌宠园	小班:小兔乖乖 1.喂养、照顾小兔,设计喂食器等 2.为小兔造家	1.与个别化链接 小兔故事:通过阅读等方式了解小兔的特征、生活习性。 2.与自然角链接 用蔬菜、米面为小兔自制食物。

(四) 设计与案例

在"丫丫萌宠园"中,每个儿童与动物亲密接触的方式是不同的,他们通过直接感知、亲身体验,与园中的动物亲密接触,形成了具有班级特色的班本课程。

1. 经典班本方案样例(见表 6-2-15)

表 6-2-15　"丫丫萌宠园"班本方案

(一) 小小饲养员	
材料	1. 工具类:观察工具、探索工具、表征工具等 2. 材料类:儿童自主收集的食物、自然材料等 3. 辅助材料:相关图书资料、记录纸、展示架、展示板等
玩法	**内容一:小小饲养员** 1. 观察、照料"丫丫萌宠园"的小动物(喂食、清洁等)。 2. 尝试解决照料中遇到的问题(怎么吸引动物、喂什么食物、怎么让小动物住得更舒服等)。 **内容二:和小动物玩游戏** 1. 观察、了解不同动物的特征和习性。 2. 尝试与同伴商量解决和小动物游戏中所遇到的问题。 3. 用不同的方法记录自己与小动物之间发生的趣事与近期热点。
观察要点	1. 关注儿童使用工具的方法和照顾动物的方法。 2. 关注儿童是如何记录发现、方法及问题的,有哪些记录形式。

2. 教师活动案例

案例　"披荆斩棘"的娃娃——以"小兔滑滑梯"为例探究儿童户外探索中的深度学习

"兔子乐园"里,瀚瀚、仪仪、沐沐三个人发现有只小兔子走路一歪一歪的。活动过后儿童从张爷爷口中得知原来是小兔子被喂得太多,长胖了不灵活,结果摔了一下就受伤了。

瀚瀚提议造一座滑滑梯,沐沐便立刻拿起纸板倾斜着放置并说"滑滑梯做好了"。

"那我们拿去给小兔子试试,看它们喜不喜欢吧。"我回应道。可是到活动结束也没有兔子来光临。

　　于是瀚瀚决定要重新设计一个滑滑梯。他们每人设计了一张滑滑梯图纸,然后依次投票,最终选择了瀚瀚的设计。

　　在不断改造中,一架像模像样的滑滑梯造好了。可是在大家期待的眼神中,小兔子还是无动于衷。

　　"猜猜看,小兔子为什么不去? 有什么办法解决吗?"我问儿童。

　　"用食物吸引它吧?"

　　"是不是没有围栏,小兔子害怕?"

　　"我知道了,滑滑梯没有上去的地方啊!"

　　讨论过后,儿童决定搭台阶、造围栏,最后吸引小兔子上去玩。多次失败后,一架"几乎完美"的滑滑梯亮相了。沐沐拿着兔零食一点一点吸引,可是聪明的小兔吃了几口转身就走,大家非常失落。"但是它一定会谢谢你们给它造的乐园,对吗?"我安慰道。第二天,当我们走进"兔子乐园",看到小兔子从之前放的矮纸板斜坡往上跳的时候,大家都哈哈大笑:原来小兔子喜欢跳斜坡,不喜欢滑啊。

我的思考

　　一是我们应适度引导儿童,发挥儿童的自主性。在整个活动中,儿童所有的信息是经过体验和探索获取的。《3—6岁儿童学习与发展指南》中指出,教师应"支持、引导幼儿学习用适宜的方法探究和解决问题。因此,教师应始终尊重儿童的想法,处理好课程中生成与预设的关系,例如滑滑梯的多次倒塌、小兔子不愿意光顾、食物引诱法失败等。当儿童提出猜想时教师应不断助推儿童,鼓励儿童讨论思考、多次尝试,使儿童和教师在课程资源开发中不断成长。

二是我们应关注儿童在活动中的多元情绪体验。观察到儿童多次失败后出现消极情绪，教师立刻进行了介入，通过拿出纸盒、语言引导儿童认识到"成功固然很好，但是即使失败也没关系"。滑滑梯一定要让小兔子真的玩起来吗？相信儿童的反应给了这个问题一个很好的回答。儿童在解决问题的过程中感受到挑战自我带来的自豪感，以及真的为小兔子做了一件它需要的、喜欢的事情。这种情感的体验远远高于完成一件作品的成就感。

（案例提供：嘉定区红石路幼儿园　张薇佳）

总之，在自然探索活动中，儿童自主地建构着真正属于他们最近发展区的经验与概念，充分体验探索与发现的乐趣，享受学习与成长的快乐。在这样的学习中，儿童提升了学习能力与学习品质，获得了可持续发展的学习与成长动力。

六、丫丫艺美园

（一）价值与意义

大自然的美是非常神奇的，一朵落花、一片树叶、一块岩石，都向我们呈现出了不同的美；而在四季更替中，大自然更为我们呈现了不同的景象。《3—6岁儿童学习与发展指南》中指出：艺术是人类感受美、表现美和创造美的重要形式，也是表达自己对周围世界的认识和情绪态度的独特方式。结合校园一角创设"丫丫艺美园"，一是带领儿童运用大自然中的多种材料进行创作，使其感受和欣赏大自然的美；二是让儿童运用不同的自然元素进行艺术创作，发展儿童的创造想象力；三是利用自然材料和辅助材料的结合，丰富儿童使用各种美术材料的经验。

(二) 空间与布局

根据"丫丫艺美园"的实际需求,我们主要创设了创作区域、活动区域、分享区域。创作区域包括:四个不同的内容创作区,分别为涂鸦区、大型树叶创作区、玩色区、玩泥区。活动区域包括:供儿童创作或休息的固定区域和自主活动空间。分享区域指集体分享的区域。(见图6-2-6)

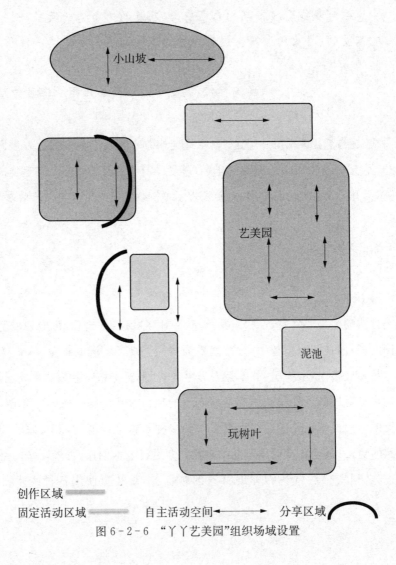

创作区域

固定活动区域   自主活动空间◄──────►   分享区域

图6-2-6 "丫丫艺美园"组织场域设置

(三) 资源与运用

1. 与主题核心经验链接

"丫丫艺美园"中的多元资源有着独特的价值,在与不同年龄段主题核心经验对接后,产生了相应的内容链接。(见表6-2-16)

表6-2-16　与主题核心经验链接

资源内容	主题核心经验	内容与玩法链接
丫丫艺美园	大班:春夏秋冬 体验美丽(季节交替美、不同季节的自然风景美) 发现变化(四季渐变与轮换) 中班:春天来了、在秋天里 多样表达(大自然的美) 小班:小花园 情感(喜欢观察、表现) 认知(颜色)	1. 大型涂鸦。 2. 大型树叶创作:利用树叶、树枝等自然物创意表现。 3. 玩色:利用山坡玩色。 4. 玩泥:在泥池玩泥。

2. 与室内活动内容链接

我园经常将户外活动与室内高低结构活动建立链接,如开展"小小波洛克"这节高结构活动,和儿童一起在户外大胆想象颜料轨迹形成的图案,运用树叶、树枝、石头、贝壳等自然物,在户外画布上模仿波洛克大胆想象创作;在交流分享中给予儿童更丰富多元的表现机会,让儿童更深入感知色彩的运用、夸张的表现手法等。(见表6-2-17)

表6-2-17　与室内活动内容链接

资源内容	户外内容示例	室内链接内容
丫丫百草园	大班:春夏秋冬 运用自然材料进行不同形式的创	1. 与个别化链接 利用自然物创意表现

续表

资源内容	户外内容示例	室内链接内容
	作,发现四季的美。	2. 与集体教学链接 艺术领域活动:小小波洛克

(四) 设计与案例

自然界的一草一木、一花一叶、一捧泥巴、一粒石子,都是儿童艺术创造的天然材料。我们捕捉并挖掘自然资源,和儿童共同开展丰富多彩的艺术创想活动,形成具有班本特色的活动课程。

1. 经典班本方案样例(见表 6-2-18)

表 6-2-18 "丫丫艺美园"班本方案

(一) 大型树叶创作	
材料	环境:落叶为主的秋日氛围、设计图与过程性作品展示板 材料:各种颜色的树叶、粗树枝、细树枝、松果、石头、木片、麻绳等
玩法	1. 小组分工合作,确定主题内容后,在场地上利用树枝进行画面的布局。 2. 利用自然材料,如松果、小石子、木片等进行装饰,并以拍照形式记录。
观察要点	1. 关注儿童利用树枝、树叶等进行大型创作的想象力和创造力。 2. 关注儿童对自然物的运用方法的多样性。 3. 观察儿童在小组式探究中与同伴协商的情况,遇到困难是如何解决的。
(二) 森林舞蹈会	
材料	环境:落叶为主的秋日氛围、过程性作品展示板 材料:儿童搜集的各种树叶、用以树木为主的自然材料制作的工艺品、写生板、画笔、颜料等
玩法	1. 用绳子连接间距为 2—3 米的两棵树。 2. 用捡来的树叶,根据不同的树叶脉络、形态等特征,拼贴树叶作品。 3. 收集自然材料,以制作工艺品的形式制定展示主题并展示。

观察 要点	1. 关注儿童陈列树叶及其作品的方法,以及陈列的主题。 2. 关注儿童在操作时遇到的困难及解决方法。需要哪些支持? 3. 关注儿童在操作过程中及时清理桌面的习惯。
	(三)自然物波洛克
材料	环境:画布悬挂呈现 材料:画布、绘画工具(拖把、鸡毛掸子、扫帚、滚刷、毛笔)、颜料、各种自然物(树叶、贝壳、树枝等)
玩法	1. 学习大师作画的方式,在户外进行滴洒、添加、组合生活材料或自然物进行创作,用手机或相机进行拍摄记录。 2. 探索颜料动起来的玩法。
观察 要点	1. 观察儿童创作时的关注程度和兴趣持久程度。 2. 观察儿童对"行动绘画"的理解程度,在使用不同工具、材料创作时的表现力与想象力。 3. 关注儿童的操作习惯,对材料的使用和整理的情况。
	(四)快乐泥池
材料	环境:泥池加周围透明板面 材料:积木、工具(铲子)、各种自然物(树叶、树枝等)
玩法	1. 运用各种建构材料,小组合作搭建,如"城堡、长城"等。 2. 使用泥进行平面创意制作(墙面创意)。
观察 要点	1. 关注儿童在搭建过程中的建构情况,有哪些空间想象、围合、链接的情况,以及对不同建筑的表现方式,如造型。 2. 观察儿童塑形与创作情况。 3. 关注儿童的操作习惯,对材料的使用和整理的情况。

2. 教师活动案例

案例　　走进大自然,走近"波洛克"

"跳跃"中的星球大战

户外探索一开始,平面波洛克区域中,儿童的小脑袋瓜凑在了一块儿。"今天我们创作些什么呢?"骞骞问。小张兴奋地说:"我们来创作太空吧!""好呀!我最喜欢太空了!""我喜欢星球大战!""我想创作行星,还有陨石!"小张的提议得到了大部分同伴的认同。接着,他们各自寻找创作的工具,小煦拿来一个拖把,沾满了颜料自信地洒在了画布上,洒完之后他仔细地端详了一下自己创作出的画面,将拖把放回了原来的地方,换了一个鸡毛掸子,沾满颜料,同刚刚一样挥洒着,一边创作一边念念有词:"咦,这个洒出来的点点好像小一点。"旁边的小张说:"这一点点的感觉好像星星!""其实我想弄个陨石大爆炸!"小煦回答道。"那我们一起合作吧!"小张提议。于是,小张拿起了扫帚沾了许多颜料一下子拍打在了画布上,颜料也随之溅了开来。见到这一幕的小煦也拿着鸡毛掸子模仿小张的样子,将颜料拍打在了画布上,一边还说着:"跳跃!跳跃!跳跃!"小张也跟着一起说:"跳跃!跳跃!跳跃!"旁边的小妍和骞骞见状也加入了他们的"跳跃",几个朋友兴奋地拿着鸡毛掸子、拖把、扫帚等不同工具进行"拍打"和"跳跃",不同的颜料绽放在了画布上。小妍开心地说:"耶!太棒啦!"骞骞说:"陨石大爆炸啦!我们的地球马上就要出现了!"

遐想中的未来城市

这一次平面波洛克的活动中,儿童准备创作"未来的城市",他们事先商量好创作的主题"未来城市",并且准备好他们

所需要的材料:各种形状的硬卡纸,一起收集的天然材料,装满
颜料的喷壶等。活动一开始,儿童就目的明确地将他们在活动
前商量的内容一样一样呈现出来。安安将准备好的卡纸摆放
在了画布上,用扫帚将"卡纸房子"的周围刷上了颜色,随后满
足地将卡纸拿开,两幢高楼大厦就出现啦! 小张用卡纸拓印出
来了一辆小汽车车身,又用鸡毛掸子画出了汽车的车轮,随后
他又用滚轮沾了点黄色颜料刷在了车子上,他说道:"这辆汽车
装满芒果汁。"骞骞今天对于未来的星星非常感兴趣,他用喷壶
喷洒着星星;一会儿又用拖把、扫帚挥洒出一滴滴的颜料;甚至
还用松果蘸满颜料往画布上甩。"在未来,白天也能看到星
星!"骞骞得意地说。星星点点、五颜六色的颜料点缀在"未来
城市"的每个角落,显得格外梦幻,格外美妙……小妍也用到了
一起收集的松果,开心地说:"这可以当作房子的眼睛,还可以
用树叶当它的嘴巴。"听了小妍的话,小张惊讶地说:"房子会
说话!"这时旁边的安安说:"对啊,它有眼睛也有嘴巴啊!"骞
骞说:"我们还可以为房子装上翅膀,这样它就会飞了!"……儿
童你一言我一语,讨论着未来房子的外形和作用,画布上承载
了他们对于未来城市的想象与期待。

我的思考

我们的活动是在大自然中开展的,所以环境很开放,材料也

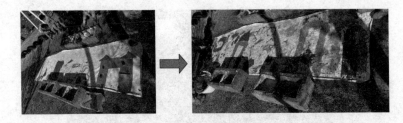

跟着灵活、多样起来,除基础材料外,大自然中的石头、树枝、树叶等自然材料为儿童艺术创造力的发挥提供了可能。与局限的室内个别化和高结构美术活动不同,儿童在户外探索中始终处于主体地位,创作的时候能够更加自由地选择材料,更加肆意地挥洒颜料,迸发出更多的创意。活动中,我欣喜地发现原来艺术创作中也能看到儿童合作协商中的闪光点,两次创作之前儿童都和同伴一起商量创作主题、创作内容。此外,在创作中他们并不是"孤立"地自己创作自己的作品,而是和朋友一起合作,比如故事一中小煦的"陨石大爆炸"引发了周围同伴的认同和追随,故事二中儿童一起设计出了"会说话"的未来高楼。在和同伴一起合作协商的过程中,他们不光创意无限,而且情绪十分高涨。活动中,儿童通过观察同伴的创作过程、与同伴交流,获得了互相学习的机会,在耳濡目染中了解到了同种材料有不同的创作方法,比如:扫帚不光可以画画和挥洒颜料,还可以转一个圈变成一个圆形;卡纸不光可以用来拓印图案,还可以创作镂空图案;创作工具不光可以用现有的材料、周围的天然材料,还可以用自己的小手和小脚去拓印……儿童在互相学习中开阔了创作思路。

（案例提供：嘉定区红石路幼儿园　龚晔）

　　总之,大自然为儿童的艺术创造提供了无限可能,儿童用心灵去感受和发现美,用自己的方式去表现和创造美,儿童在课程实践中爱上自然、爱上生活,健康快乐地成长。

七、丫丫光影园

(一) 价值与意义

有一种安静的美，叫光和影。这种美既运用在摄影、建筑等领域，也是儿童日常可以接触的科学。在校园一角创设"丫丫光影园"，提供户外光与影的探索，一是推动儿童乐于与同伴运用多种工具、材料合作探究，发现色彩、形态等特征变化，感受大自然的神奇，培养探究的兴趣和愿望；二是引导儿童对发现的事物或现象进行观察比较，用简单的记录、录音、拍照等方式表达自己的发现与问题。

(二) 空间与布局

根据儿童的相关经验和学习需求，师幼共同对"丫丫光影园"进行了合理规划和设计，主要包括：探索区域、活动区域和分享区域。探索区域包括：三个主要活动场地（小山坡、光影屋、树林迷宫）。活动区域包括：供儿童探索或休息的固定区域和自主活动空间。分享区域用于儿童集中交流分享。（见图6-2-7）

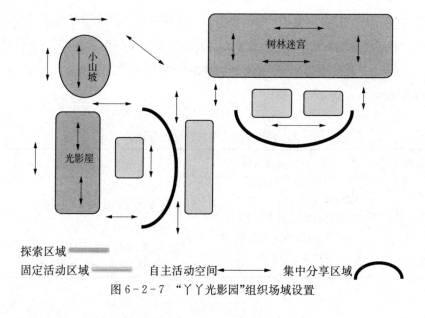

图6-2-7 "丫丫光影园"组织场域设置

(三) 资源与运用

1. 与主题核心经验链接

"丫丫光影园"内创设了室内和室外的空间场地,儿童可以自由选择和切换,产生了相应的内容链接。(见表 6 - 2 - 19)

表 6 - 2 - 19　与主题核心经验链接

资源内容	主题核心经验	内容与玩法链接
丫丫光影园	大班:我自己 变化(影子的变化)	1. 我的影子:运用肢体表现影子。 2. 影子变变变:利用阳光与自然物的阴影进行创意表现,感受影子的变化。 3. 彩色光:观察探索彩色玻璃纸在光的照射下的变化。 4. 会动的光点:在阳光下调整小镜子的位置,观察光点的变化。
	小班:白天和黑夜 观察兴趣(白天和黑夜、太阳和月亮) 感知变化(月亮、光线的变化) 乐意表达(用语言、肢体等表达白天和黑夜)	

2. 与室内活动内容链接

从室内到户外的场地变化,从晴天到阴天的环境变化,都对儿童的学习活动产生影响。在打造"丫丫光影园"的过程中,儿童将室内个别化学习经验以及生活中的"观光"经验迁移到户外自然探索中,用阳光、手电光与生活材料、特殊材料结合,尝试营造梦幻的光影效果,探索光影变幻。在室内,考虑场地的关系,内容会有些许调整。(见表 6 - 2 - 20)

表 6 - 2 - 20　与室内活动内容链接

资源内容	户外内容示例	室内链接内容
丫丫光影园	大班:我自己 1. 利用阳光与自然物的阴影进行创意表现,感受影子的变化。 2. 运用肢体表现影子。	1. 与个别化链接 (1) 利用手电筒玩手影游戏。 (2) 有趣的皮影戏。 2. 与集体活动链接 科学领域活动:影子有多长。

(四) 设计与案例

在"丫丫光影园"中,儿童充分运用太阳光打造光影基地,运用光源类、生活类等材料,积极探索光影,不同的空间结构、不同的色彩及其叠加、不同的光影互动方式、不同的材料和环境,让儿童的探索更多元、更有生命力,并形成具有班本特色的活动课程。

1. 经典班本方案样例(见表6-2-21)

表6-2-21　"丫丫光影园"班本方案

	（一）影子变变变	
材料	环境:平整场地 材料:长卷画、儿童收集的各种玩具和常见物品、勾线笔、自然材料	
玩法	1. 我的影子 儿童合作,一人摆造型,一人描绘影子的轮廓,看看不同角度下的影子像什么、可以变成什么。 2. 影子大不同 儿童利用阳光与树叶、模型、玩具的阴影进行创意表现,感受影子的不同轮廓。 3. 综合组合表现 儿童描绘物体的影子后利用各种自然材料,如树叶、小石子等,进行装饰,并以拍照的形式记录下来。	
观察 要点	1. 关注儿童利用身体或材料摆放产生影子后的创意表现。 2. 关注儿童对自然物的运用及运用方法的多样性。 3. 关注儿童对物体摆放角度与影子变幻的联系。 4. 观察儿童在与同伴合作过程中的协商意识。	
	（二）光影小屋	
材料	环境:光影小屋＋平台上层 材料:儿童搜集的各种镜子、彩色玻璃纸、透明亚克力板、透明塑封纸、油漆笔	
玩法	1. 彩色的光 儿童通过摆放和移动彩色玻璃纸,观察光线颜色、光点形状的变化。 2. 会动的光点 儿童在阳光下摆弄镜子,产生光点,通过调整小镜子的位置,尝试让光点移动位置,	

	感知光线的折射。 3. 光影故事 探索不同材质的笔在塑封纸上留下痕迹后,光点会产生什么变化? 也可以用自然物等材料对玻璃纸进行装饰,观察光点的变化。
观察 要点	1. 关注儿童对现象的关注度与兴趣。 2. 关注儿童对不同工具和辅助材料的使用情况及表现兴趣。 3. 关注儿童在操作时遇到的困难及解决方法。需要老师提供哪些支持? 4. 关注儿童在操作过程中的材料摆放及整理习惯。
	(三)镜子的世界
材料	环境:山坡草地 材料:镜子迷宫 DIY 材料、手持小镜子、支架镜子、麻绳、胶带
玩法	1. 魔法迷宫 儿童自主搭建镜子迷宫,在其中不同角度进行观察,感知镜子的折射。 2. 有趣的潜望镜 儿童通过改变镜子的角度,观察身后或其他位置的景象,在了解镜子折射原理的基础上,尝试制作潜望镜。
观察 要点	1. 观察儿童在搭建迷宫时与同伴的商议情况及组合的多样性。 2. 关注儿童制作潜望镜时对原理的理解和材料的使用情况,以及根据现场的不同位置调整自己的设计的情况。 3. 关注儿童对于镜子的探究的兴趣,过程中产生问题后的解决。

2. 教师活动案例

案例 **梦幻光影秀,合力玩出彩**

打造我们的光影秀

一次集体分享中,希希表达了自己的想法:"我和妈妈去过鹏新海洋世界,那里有好看的灯光秀,里面全是一闪一闪的,和我们的小黑屋可像了!""我也去过! 里面墙壁上都是镜子,天花板上挂满了灯。"越来越多的儿童参与了讨论,看得出来大家对体验过的光影秀很感兴趣。以"光影秀"为目标,大家开始对"丫丫光影园"进行设计和打造。体验过光影秀的希希和小博担任光影秀的"总设计师",对于朋友提出的"小屋里没有电,怎么装彩灯呢?",儿童开动脑筋,想出许多解决办法,还把自己的装修计划变成了图纸。收集同伴意见后,希希想和朋友们在"小黑屋"里表演四季故事,而小博的小队更喜欢"小白屋"里旋转的小彩灯。大家对"丫丫光影园"的光影秀充满了期待。

"光影小屋"的"百变光影秀"设计图

设计者	设计图	设计者	设计图
思涵	我想用色素水,照一照变出彩虹。	唐唐	用镜子,一照可以让亮片串变多。
希希	在墙上贴上星星和月亮,变成星空。	石榴	在屋顶上装彩灯,地面上放彩球。

续表

设计者	设计图	设计者	设计图
凝凝	我需要用到各种材料和工具。	沐沐	做一个海洋世界,有水母和小鱼。

完成设计图后,大家有的挂、有的贴、有的照,加上新发现的饮料瓶也能投射出光影,"丫丫光影园"里出现了许多漂亮的光影效果。儿童置身其中,光影新发现越来越多,一场属于他们的"光影秀"正式开场!

我的思考

在多样材料与梦幻光影的交错中,儿童感受到了科学探索的魅力,但一系列探索与尝试终将回到生活,也只有贴近儿童生活的内容才更有延续和拓展的机会。走出"丫丫光影园",放眼周围,又有哪些相同的光影效果呢? 因此,我认为在后续的探索互动中,一是我们要聚焦儿童生活,以经验为基础,继续挖掘儿童生活中的热点问题。如运用光的折射、反射特性所产生的物品如何便捷大家的生活? 你见过哪些生活中的光影效果? 让儿童眼光更长远,脱离光影园、幼儿园的地域束缚,走进生活中看一看、找一找、试一试。二是在前期"寻找亮闪闪"的活动中,儿童已经展现出了自己的"慧眼",服装上的装饰、闪亮的贝壳、包装小挂件,都是他们通过自己观察发现的"亮闪闪",这些和教师所预设准备的炫光膜、玻璃纸等并不常见于儿童生活中的材料全然不同。当他们带着自己收集的材料来到班级,正是其自主学习的良好开端,也是我们需要继续鼓励发扬下去的。随着探索进程的推进,材料的种类逐渐变少,同种材料的数量也许会增加,但我相信,儿童的发现丝毫不会减少,更多会出现儿童自己准备的"个性材料"。三是当投放的新材料只引发部分儿童尝试时,当材料有所调整时,当出现新方法、新结果时,当儿童在过程中发现解决不了的问题时……单独、小组、集体分享变得重要起来。儿童自主并不是教师完全放手,教师仍需把握方向的"缰绳",在互动分享中寻找新热点与推进契机,在回应中关注儿童的差异与变化,尽可能给予儿童平等分享的机会,了解其真实心声,在适宜的时机提供适宜的支持。

(案例提供:嘉定区红石路幼儿园 顾滢睿)

总之,儿童自然探索活动不是简单地把室内学习活动搬到户外,而是基于户外的环境特征,在充分分析其独特性和教育价值的基础上,结合儿童的生活经验和学习特点,确定相关学习目标,启发、引导儿童与户外环境、材料互动,使儿童建构相关知识经验,发展思维能力、探究能力、提升学习品质。

八、丫丫小树林

(一)价值与意义

春天来了,你是否听到小鸟在树上叽叽喳喳的叫声;夏天到了,你是否听过从树林里传来的知了和不知名的昆虫的叫声……小树林给儿童带来了神秘和快乐。结合幼儿园小树林开展探索活动,一是让儿童在观察树林变化的过程中,愿意和同伴一起用不同的方式照料、保护小树林;二是在不同的季节里,结合小树林中的资源特点,开展多种形式的科学探索活动,如植树、为小鸟造家、帮助大树过冬、开展树叶实验、测量等;三是教导儿童用多种方式记录自己的观察发现,知道小树林的作用,初步形成爱护树木、保护环境的意识。

(二)空间与布局

在"丫丫艺美园"一侧,创建了由小山坡和小树林共同组成的"丫丫山树林",根据树林分布特征,主要分树林探索区域、活动区域、分享区域。树林探索区包括:小山坡和小树林。固定活动区域包括:提供儿童放置材料和可桌面操作的固定活动区域,以及自主活动空间。分享区域是活动后伙伴分享经验的区域。(见图6-2-8)

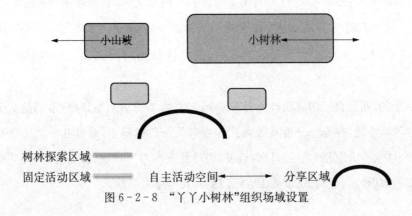

图6-2-8 "丫丫小树林"组织场域设置

（三）资源与运用

1. 与主题核心经验链接

"丫丫小树林"里的多元资源有着独特的价值,在与不同年龄段主题核心经验对接后,产生了相应的内容链接。(见表6-2-22)

表6-2-22　与主题核心经验链接

资源内容	主题核心经验	内容与玩法(预设)
丫丫小树林	大班:有用的植物 兴趣(探索植物、兴趣种植) 环保(爱护绿化、体验植树) 种植(照料、养护) 中班:在秋天里 感知特征(树叶等) 观察变化(秋天树叶的变化)	1. 植树:春天,种植树木。 2. 树叶探秘:捡拾、观察、比较不同的树叶特征,开展树叶实验。 3. 树木测量:用多种工具测量树干的粗细、高矮等。

2. 与室内活动内容链接

户外活动对接室内活动的时候,经常和当前的主题活动有机衔接。比如在"有用的植物"主题开展过程中,儿童对树林中的鸟类产生了浓厚的兴趣,他们喜欢听关于鸟类的故事,喜欢研究鸟的种类,喜欢讨论关于鸟的一切。天气渐冷,儿童会思考鸟会去哪里过冬。于是儿童在阳台自然角创设"给小鸟造家"学习环境,运用纸盒等低结构材料,在阳台上为小鸟建造各种各样的鸟窝,并送到小树林,期望小鸟温暖过冬。(见表6-2-23)

表6-2-23　与室内活动内容链接

资源内容	户外内容示例	室内链接内容
丫丫小树林	大班:有用的植物 1. 开展树木测量(比高矮、粗细等)	1. 与个别化链接 (1) 为小鸟造家:用多种材料为树林

资源内容	户外内容示例	室内链接内容
	2. 通过不同的方式保护树木(为树穿衣等)	中的小鸟建造不同的家。 2. 与集体活动链接 语言领域活动:树真好。

(四)设计与案例

春夏秋冬,四季轮回,赋予了"丫丫小树林"取之不尽的资源库,树林里的一花一草、一虫一鸟都成为儿童探究的源泉,儿童积极探索,形成自我认知,获得成长体验,并形成具有班本特色的活动课程。

1. 经典方案班本样例(见表6-2-24)

表6-2-24 "丫丫小树林"班本方案

(一)树木过冬	
材料	环境:南操场小树林、展示板 材料:石灰水、麻绳、稻草、冬天的衣物、刷子
玩法	1. 设计树木过冬方法的图纸,讨论、选择材料帮助树木过冬。 2. 同伴合作,用多种方法让树木温暖过冬。
观察要点	1. 观察儿童探讨的树木过冬的方法及儿童在探索中的新发现。 2. 观察儿童在合作中遇到问题如何解决。
(二)做鸟窝	
环境材料	环境:南操场小树林、展示板 自然材料:树枝、树叶、石头、稻草、棉花 其他材料:双面胶、透明胶、扭扭棒、超轻土、剪刀、手工纸、鞋盒、吸管等
玩法	1. 设计鸟窝的图纸,按照图纸选择材料制作鸟窝。 2. 选择一棵树将鸟窝固定在树枝上。

续表

观察要点	1. 观察儿童对鸟的兴趣与了解情况,关注选择做鸟窝的材料。 2. 关注儿童搭建鸟窝的方法,以及搭建的鸟窝是否牢固舒适。 3. 关注儿童在学习过程中遇到的困难和解决方法,以及学习坚持性。
(三)测量树木	
材料	环境:南操场小树林(树木标有数字)、展示板 材料:软尺、自制短尺、回形针、勾线笔、记录纸、扭扭棒、鞋带等
玩法	1. 自主合作,自行选择一种材料对编号树木进行测量,并记录结果。 2. 测量结束后对记录进行比较,找出最粗和最细的树。 3. 第一次测量结束后可以选择不同的材料再次测量。
观察要点	1. 观察儿童测量的方法,能否根据所选择的不同材料选用相应的测量方法。 2. 观察儿童的记录方法,能否将自己测量的结果进行比较。 3. 关注儿童在学习过程中遇到困难如何解决,学习坚持性如何。

在"丫丫小树林"里,儿童生成了"树木过冬""做鸟窝"和"测量树木"等内容。儿童通过同伴合作,用多种方法让树木温暖过冬;设计鸟窝图纸,选择多样材料制作鸟窝;自主合作,对编号树木进行测量,并记录结果。

2. 教师活动案例

案例　喂鸟器需要挖洞吗

最近,儿童的兴趣逐渐从做鸟窝开始转移到制作喂鸟器。因为他们调查了解到在上海过冬的鸟类的食物比较少,所以萌生了给鸟留点食物的想法,那么食物放在哪里呢?

要不要在纸筒心里套盒子

小羽先开始设计喂鸟器的图纸——纸盘加上一个圆筒状的东西,昊昊找来了纸盘,小羽在上面放上了一个纸筒心,在昊昊的协助下,四周粘上了宽的透明胶带。昊昊还拿来了一个牙膏盒,剪掉了两头想要插在纸筒心里。小羽不同意昊昊的做法,昊昊问:"你的喂鸟器要给哪种鸟吃食物?"小羽说:"给麻雀吃。"昊昊说:"麻雀很胖的,钻进去了会钻不出来,我套上个牙膏盒,它就不会钻进去了。"这个想法得到了小羽的认同,于是他们将牙膏盒套在纸筒里。

挖几个洞呢

小羽又发现问题了:倒入谷子后谷子都在纸筒心里,小鸟怎么吃呢? 要不在纸筒心上挖一些洞? 他们把纸筒周围的透明胶拆掉,在纸筒一头剪出一个口子,昊昊建议再多剪几个,因为多来几只麻雀大家也都能吃到。剪好后他们插入了牙膏盒,可是谷子还是没有漏出来,原来是牙膏盒没有开口,他们就在牙膏盒上也开了两个口子,装上谷子后,谷子从纸筒的开口处漏出来了,这样麻雀可以轻而易举地吃到粮食了。

加个盖子吧

就在小羽想把喂鸟器挂到树上的时候,昊昊又发现了问题:"如果下雨怎么办? 粮食会湿掉的。"于是小羽想到了给喂鸟器加个盖子,这样雨水就不会弄湿粮食了。两人在材料架前找了几样材料,最后选了一次性杯子扣在上面,因为塑料杯子可以防水。喂鸟器终于完成了。

我的思考

在制作喂鸟器前,我们和儿童一起讨论过哪些鸟类冬天在我们上海过冬,需要我们制作喂鸟器。每个儿童都参与了调查,对一些常见鸟类进行了了解,前期经验比较丰富。比如麻雀,可能以前看见了却没有研究,而现在他们知道麻雀体型胖胖的,钻进了纸筒心可能钻不出来。他们在制作中还会关心小鸟,情感得到了升华。在整个制作喂鸟器的过程中,我看到儿童有着非常好的学习习惯。他们会提出问题,当一个儿童按自己的图纸制作时,另一个儿童会质疑直接安放纸筒心是否合理,麻雀能否进出,并有自己的解决方案。他们能接纳别人提出的意见,让自己的喂鸟器更完善。他们在尝试的过程中可能思考得并不全面,这是年龄特点的一种局限,但是他们能边做边思考,发现问题马上寻求解决方法。我看到了做鸟窝是自由组合的两个人为一组,在合作中他们的学习处处有互动,合作价值得到了体现。

(案例提供:嘉定区红石路幼儿园　袁翔燕)

总之,相对于其他学习活动而言,儿童的自然探索学习活动对环境、材料的依赖性更强,情境性、游戏性、探索性更明显。户外学习指向一些核心经验的获得以及相关探索,对教师的要求更高,可以说是在教师引导下的一个不断尝试和探究的学习过程,儿童在"走向自然""走向社会""走向生活"中打开眼界,获得经验,产生好奇,点燃心智,激发创造,同时形成健康、真实、开朗、智慧、乐观、主动等品质。

九、丫丫N基地

(一)价值与意义

《幼儿园教育指导纲要(试行)》中指出:"幼儿园应与家庭、社区密切合作,与小学互相衔接,综合利用各种教育资源,共同为幼儿的发展创造良好的条件。""充分利用自然环境和社区的教育资源,扩展幼儿生活和学习的空间。"结合幼儿园课程实际情况,围绕各年龄段主题课程,通过向教师、家长进行问卷调查、实地考察等形式,我园对园外各年龄段自然资源进行调查和梳理,建立"丫丫N基地",便于教师、家长了解、提取和运用,带领儿童走出去,使儿童有更多实践机会,接触自然,感受探索乐趣。

（二）基地资源

"丫丫N基地"旨在打破幼儿园场域壁垒,整合周边资源,充分打造园外基地营,共建社区、亲子学习场域,不断延伸场域空间,让儿童学习经历更精彩。(见表6-2-25)

表6-2-25 "丫丫N基地"一览表

基地名称	地址	开放时间	主要内容简介
菊园百果园	沪宜公路5050弄	9:00—17:00(需预约)	以生态自然为主题、四季鲜果为特色的生态农业休闲度假区,儿童可以与大自然亲密接触,体验劳作的乐趣,收获农味十足的幸福。
上海惠和种业有限公司	沪宜公路5062号	9:00—17:00(需预约)	公司有试验农场和种子储运中心,适合体验种植、采摘等活动。
陈家山公园	胜竹路2200号附近	6:00—21:00	园内绿化种植面积高,尤其是夏天时,公园池塘内的荷花盛开,是探索学习的最佳地。
嘉北郊野公园	沪宜公路5051号	9:00—16:30(需预约)	公园以原生态农田、林木和水网为基本特色,呈现"南田北林"风貌,具有农业休闲、水乡体验、保育土地、教育科普等多项功能。
嘉定气象科普基地	世盛路与胜竹路交叉口往北100米	9:00—16:30(需预约)	由嘉定气象科普馆、嘉定气象科普园、嘉定农业气象基地共同组成的综合性气象科普教育基地,向社会普及气象科学知识、提高大众的防灾减灾意识。
沥江生态园	嘉朱公路3333号	全天开放	四季瓜果飘香,还有鸡鸭牛羊等动物,是当地老百姓眼里的"世外桃源"。

续表

基地名称	地址	开放时间	主要内容简介
远香湖	嘉定区白银路	全天开放	远香湖是嘉定新城的核心景观,是上海西部较大的人工湖,周边景色优美,荷香满城,是户外探索的好去处。
外冈万亩良田	外冈镇	按时节开展	每年会开展插秧、播种、收获等亲子活动。
外冈蜡梅园	墨玉北路 2700 号	10:00—20:00（需预约）	蜡梅园是集育种、切花生产、生态景观、农家乐、休闲游览于一体的蜡梅种植示范基地。
紫藤公园	博乐路环城河畔	5:30—18:00	紫藤公园种植 100 余棵紫藤,总共有 28 个栽培品种,4 月下旬是观赏最佳时期,可开展亲子探索活动。
汇龙潭	塔城路 299 号	7:30—17:00	汇龙潭景色优美,经常开展菊花展等花卉展览活动,适合观察探索。
秋霞圃	嘉定镇东大街 314 号	8:00—17:00	秋霞圃是上海古典园林。环境优美,特别是秋季,里面的红枫尽染园林,非常适合观赏探索。
华亭哈密瓜主题公园	武双路 889 号	9:00—17:00（需预约）	主题公园有美丽的田园风光,可以开展瓜果采摘、小龙虾垂钓、烧烤喂养等亲子活动。
安亭农业生态园	博园路 4285 号	9:00—17:30（需预约）	生态园有农耕体验、有机蔬果采摘、垂钓、喂养小动物、农科参观等活动。

课程提示：

（1）实践活动内容选择需倾听了解儿童当前的学习兴趣和需求。

（2）内容确定后，教师或家长需提前对活动地点踩点，充分了解场所周边环境、场所内部区域，排除安全隐患。

（3）实践活动要充分发挥家长资源，与家长分工协商，明确任务。

（三）资源运用

园外基地营为儿童打开了课堂之门，也为家长提供了更多陪伴儿童的机会，家长追随儿童的脚步，一起探索大自然的奥秘，使儿童的身心得到全面健康发展。（见表 6 - 2 - 26）

表 6 - 2 - 26　大 6 班"自然亲子营"活动方案

活动内容	大 6 班第一学期"自然亲子营"——枫叶探秘
活动日期	2021 年 11 月 27 日上午 10:00——12:00
活动地点	秋霞圃（嘉定镇东大街 314 号）
参加者	22 组家庭
组织者	李溶月妈妈、薛景心妈妈

活动目标：

1. 观察探索枫叶的形状、变色等秘密，感受大自然的神奇。

2. 体验与同学结伴探秘的快乐，增进友谊。

3. 感受与父母一起户外探索的快乐，增进亲子感情。

活动准备：

1. 结合幼儿园学习课程，确定活动场地、活动时间和活动内容，制定具体活动方案。

2. 发布"自然亲子营"活动通知，以家庭为单位，自愿报名参加，确认活动人数。

3. 记录准备：自然笔记、A4 纸、胶水、勾线笔等材料。

4. 家长准备：免洗消毒洗手液、干湿纸巾、创口贴、碘伏棉棒等。

活动过程：

（一）前期准备

家长可以提前和儿童调查了解秋天树叶的一些秘密，如常绿树和落叶树、树叶变色或枯萎的秘密等，并和儿童一起确定亲子探索内容——枫叶探秘。

（二）枫叶探秘

1. 探秘一:枫叶大发现

（1）每个儿童在公园里寻找一片枫叶,用简单的符号或文字记录枫叶的秘密。（可围绕枫叶的颜色、形状、大小等方面记录）

（2）集中讨论:枫叶大发现。请每个儿童分别说说自己发现的枫叶的秘密。（比一比谁的眼睛亮,发现的枫叶秘密最多）

2. 探秘二:枫叶为什么会变色

（1）讨论:为什么枫叶会变色？（请个别儿童说说他们的想法）

（2）家长讲绘本故事:《为什么树叶会变色》。

小结:原来树叶变色,是因为叶绿素减少。

3. 探秘三:做一幅独一无二的枫叶贴画

　　亲子一起收集枫叶,制作一幅独一无二的枫叶贴画。

（三）集体合影

　　在大自然的环抱中留下我们美美的微笑吧！

活动注意事项:

1. 儿童在探索学习过程中出现困难和问题时,家长及时给予支持和帮助。

2. 活动中,一定要关注儿童的安全。

3. 活动中,建议家长可针对儿童探索,给予肯定、鼓励及点评。

4. 活动结束后,每位家长给予一些可实行的建议,以便之后更好地开展活动。

活动反思:

1. 场地资源选择

　　在选择活动内容时,大部分儿童都对秋天树叶会变色的现象感到好奇,因此我们对汇龙潭、秋霞圃两个基地进行踩点,发现秋霞圃的枫树叶在秋天呈现不同的色彩,非常适合儿童探索,于是我们确定了这个场地。事实证明,我们的选择是正确的,我们的儿童都非常喜欢,活动参与积极性高。

2. 活动形式多元

　　为了能让儿童深刻认识枫叶变色的科学现象,我们家长通过查找资料,共同确定了"枫叶探秘"的三个活动形式:枫叶大发现、枫叶为什么会变色、枫叶贴画。儿童都非常喜欢,特别是"枫叶为什么会变色"环节,我们通过通俗易懂的绘本故事,让儿童在轻松愉悦中了解其科学原理,这次活动也让我们增强了科学育儿的方法。

续表

> **建议：**
> 1. 本次活动大家都踊跃参加，一共有22组家庭。参与人数过多，给组织管理带来较大的困难。今后每次活动尽量控制在10组以内。
> 2. 最后讨论环节，围观游人较多，造成短暂聚集，今后要避免此类情况发生。
> 3. 大多数家庭在前一天晚上都做了充分的准备，比如画框、构思、阅读绘本。但仍有部分家庭没有准备，造成部分儿童有些茫然。因此，还是要强调提前准备的重要性，或者下次进行集体准备。

　　总之，基于户外环境的设计与再造，我们意识到环境的育人价值，自然环境最重要的价值不是用来欣赏，而是成为儿童探索世界的媒介与窗口。在环境成为课程资源的过程中，需要顶层架构，更需要关注儿童，因地制宜地开发环境，使之成为儿童学习的自然乐园。打开课堂之门，让户外环境活起来，触动每一个儿童的心灵，让儿童在真实、立体的环境中学习与体验，让儿童的学习过程变得更灵动！

第七章

课程是大自然的协同

　　自然是丰富的、灵动的,是儿童感知世界、认识世界、亲近世界的起点。让自然赋能儿童,实现儿童自我发展与可持续生长是自然探索课程管理的核心问题。此时此刻,课程是大自然的协同,我们保持和坚守正确的价值理念,明确目标,厘清认识,盘点资源,从儿童的核心经验开始,尊重和理解儿童的学习方式,持续引领儿童回归大自然、感悟大自然。

　　随着户外环境资源的不断优化升级，儿童自然探索课程从室内走向户外，给幼儿园课程管理和实施带来极大挑战。结合这些问题，我们围绕课程管理不断进行变革。

第一节
价值引领

2017 年,教育部学校规划建设发展中心启动了"未来学校研究与实验计划",结合中国国情对未来学校做出了分析与解释,认为中国的未来学校应该拥有绿色、智能和泛在互联的基础设施,集成、智慧、因变的新学习场景和开放融合的学习生态等。计划还指出,在未来学校中,传统教室的概念将被打破,取而代之的是充满无限可能性的互动式空间,学习将不仅仅发生在教室里,非正式的学习空间将充当重要角色,校园每一个角落都是学习、社交和分享的"教室"。

一、区域价值取向

2017 年来,上海市嘉定区教育局提出了学前教育大视野课程,其核心理念是"开阔视野、快乐体验",提出幼儿园要科学适宜地挖掘区域或幼儿园户外多元资源,为儿童提供针对性、连续性的学习体验,尊重儿童的真实体验与感受表达,促进儿童在充满体验和阅历的活动过程中获得主动发展。

二、儿童优先立场

2021 年 9 月,上海市学前教育发布"幼儿发展优先"10 个重大项目,其中一项就是"开展适宜儿童主动学习,满足不同儿童兴趣需要的空间与材料的行动研究"。与其相对应的,幼儿园也需要构建越来越民主、自由和开放的空间,逐步克服课程实施中的天气、时间、空间等弊端,让儿童在丰富、多元的教育场景中充分参与、体验、探索、创新,触发儿童内在的自觉力、生长力,使其更好、更全面地成长。

一系列的新理念指引我们打开课堂之门，以户外天然、真实的自然资源为载体，以儿童探索为主体，通过直接体验为儿童打开眼界，使儿童从中获得最佳学习体验与最真实的感受，同时形成健康、真实、开朗、智慧、乐观、主动等品质。

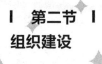

▎第二节 ▎
组织建设

一、强化管理机制

为保障课程开发的有效性,我园课程组牢牢把握"课程定位要'准'、活动内容要'特'、内涵挖掘要'深'、活动形式要'活'"的目标要求,强化组织管理机制和管理策略。

二、明确职责分工

园长任课程组组长,主要协调各方面的教育教学资源,设计把脉课程实施总方向;业务园长和后勤园长任副组长,主要任务是带领课程实施小组开展实践与管理;科研组长、教研组长为组员,其任务是在实践中对活动实施进行筛选、判断,强调合理性和可行性。通过切实有效的管理,促进自然探索课程质量的持续提升。(见表7-2-1、图7-2-1)

表7-2-1　红石路幼儿园儿童自然探索课程领导小组职责

管理者及职务	职　　责
组长:园长	1. 在把握国家和地方课程精神的基础上,组织编制儿童自然探索课程实施方案,整体设计与规划课程,并注重课程方案与课程实施的有效互动,动态调整,使之不断完善; 2. 负责对全园儿童自然探索课程实施进行全面管理,针对本园课程背景建立有针对性的课程管理制度并加以实施; 3. 立足本园师资条件,对本园儿童自然探索课程的实施进行有针对性的

管理者及职务	职　责
	培训、指导与监控,建立并落实能基本保障课程规范实施的质量监控机制; 4. 为教师在儿童自然探索课程实施中提供各类支持和保障。
副组长:业务副园长	在园长的管理和指导下,负责: 1. 根据季节变化和儿童年龄段特点,制定和调节科学合理的儿童自然探索课程作息安排; 2. 合理设置儿童自然探索课程内容,确保活动平衡,并确保各项内容在不同年龄段的适切性; 3. 指导教师正确使用教参书,配合园长做好儿童自然探索课程质量监控与评价; 4. 结合本园教师的专业能力,有针对性地组织教学研讨; 5. 针对教师在组织实施儿童自然探索课程中存在的问题开展园本培训; 6. 对各班儿童在自然探索课程中的发展进行阶段自测,形成科学反馈意见,指导各班制定阶段培养措施; 7. 逐步建立儿童自然探索课程资源库,收集归类自然探索课程中的教学课例、教学资源; 8. 根据课程实施情况,做好课程环境的优化和创设工作。
副组长:后勤副园长	在园长的管理和指导下,负责: 1. 根据儿童作息,制定和调节保育员作息和配班工作要求; 2. 为实施儿童自然探索课程提供各类物质保障和支持; 3. 做好儿童自然探索课程中安全工作的培训和管理工作。
组员:科研组长教研组长	1. 根据儿童自然探索课程实施情况及时向园长反馈作息时间、课程安排、课程管理在落实过程中的问题; 2. 组织组内教师开展儿童自然探索课程研讨活动,对本年龄段自然探索课程实施监控; 3. 结合大组教研重点,跟踪教师计划落实质量,研究活动的合理性和可行性; 4. 做好本年级组课程资源的收集与整理。

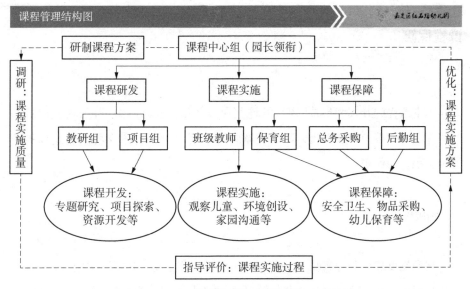

图 7 - 2 - 1　儿童自然探索课程管理结构图

　　秉承"顶层设计、部门聚力、合作推进"原则,努力构筑"大课程"框架体系,开展园本课程研究,使课程研究逐步从模糊到清晰、从迷茫到坚定、从零散到聚焦,课程研究因而取得了新成效。

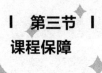

第三节
课程保障

园本课程的开发和形成,离不开课程保障体系。我园围绕制度、环境、装备、时间等多方面着力打造课程开发的保障体系,对儿童自然探索课程的构建和实践发挥了积极的作用。

一、制度保障

规章制度建设和完善要有预见性,但不能急于求成。既要制定宏观的、具有明确指导性的规章制度,也要出台微观的、具有针对性、可操作性的规章制度,详尽具体的规章制度有利于规范和推进课程。在开展课程建设的初期,我园结合课程量身定制了各种规章制度,如《儿童自然探索课程建设规划》《儿童自然探索课程项目管理制度》《儿童自然探索课程组织机构职能及岗位职责》等。随着课程深入,不断增补和修正完善,出台《儿童自然探索课程实施奖惩细则》《儿童自然探索课程安全管理制度》等制度,给予课程实施最大程度的保障。

二、资源保障

保障在百科全书中指的是为顺利开展某种活动所采取的有限支撑和支持。在儿童自然探索课程中,为保障儿童获得最佳学习体验与最真实的感受,通过环境、装备、时间三方面给予最大程度的保障。

(一) 环境保障
环境是活动赖以进行的客观载体,根据课程目标和各年龄段儿童的学习特点,每年都会不定时对幼儿园环境进行多元打造,满足儿童探索需求。

(二) 装备保障

从室内走向户外,从晴天延伸至雨天,季节、气温、空间、材料……都让探索活动充满了不确定性。为了让探索活动更安全、更便捷,体验更立体,我们在装备保障这块进行"加、减、乘、除",不断更迭、创新!(见表7-3-1)

表7-3-1 儿童自然探索课程装备保障内容

保障内容	具 体 方 式
学习装备"+"	1. 增加迷你收纳屋:材料分类管理,避免搬运烦恼,让学习更便捷。 2. 增加行动探索包:工具随身携带,避免走动隐患,让探索更安全。 3. 增加防护套装组:装备针对配置,避免活动阻碍,让体验零距离。
物资采购"-"	"减去"现成材料采购,如统一道具、创意表现材料等,越来越多来自大自然的材料,儿童收集物成为采购主角。
维护管理"×"	1. 设计参与做乘法。自然资源的配置,从课程组设计、后勤组配备,转变为儿童意见征集、课程组梳理、后勤组支持。 2. 自主管理做乘法。将儿童自然探索活动自主管理权利交给儿童。
规定禁令"÷"	在满足儿童体验需求的同时,兼顾管理规范的要求,尝试给规定禁令做除法。例:不同季节儿童会在菜园、果园中有不同收获,后勤保障组通过对既定食谱中的带量计算,将收获蔬果纳入食谱中,实现儿童品尝收获的愿望。

活动装备的保障和优化,为儿童探索提供了更多支持和帮助,让儿童获得了更真实、更深刻的学习体验。

(三) 时间保障

儿童自然探索课程为儿童提供了更宽松、更广阔的场域,儿童的自由探索、自主学习、表达表现、学习经验也在与自然环境充分互动中逐步积累。针对"儿童持

续发展需求",我们先后对活动时间、频率进行调整,确保儿童有更充分的时间与环境互动。(见表7-3-2)

表7-3-2 儿童自然探索课程时间保障内容

内容	调整前	调整后
时长	60分钟 (15分钟用于分享与整理)	基本时间60分钟 (15分钟整理与分享) 根据探索需求,允许延长探索时间
频率	二周一轮, 根据安排表轮换区域	一周或两周一轮,可持续与环境、材料互动 根据安排表轮换区域
弹性空间	根据需要增加外出的次数	1. 单次探索时间可调整为45—60分钟 2. 可持续两周在公园内探索 3. 班本有进一步探索的愿望,可增加在该区域的探索周期

活动时间、频率的灵活调整,让儿童、教师从碎片化的时间走向更持续、更具弹性的时间与空间,引发更多更生动的学习与发现。

第四节

课程研修

　　针对教师在幼儿园课程改革中的实践困惑,我园持续围绕儿童自然探索课程,通过园本教研对内容设计、材料共建、儿童观察与支持等实践问题开展深入研究,以此提升教师实施课程的能力。(见表7-4-1)

表7-4-1　儿童自然探索课程教研活动内容

时间	大组教研	年级组专题教研
2018 学年第一学期	基于改变儿童学习方式的户外主题学习策略研究	主题背景下户外集体学习的实施策略
		基于主题学习的户外资源使用方式的探索
		基于大班儿童自主探索的户外主题学习策略研究
2018 学年第二学期	户外个别化学习活动中以儿童自主探究为核心的支持策略	基于小班儿童视角,探讨户外小组式活动的实践策略
		关注儿童学习需求,探索中班户外个别化学习活动的内容共建
		基于儿童探索行为的户外个别化学习活动引导性问题设计的有效性研究
2019 学年第一学期	基于儿童视角的过程性学习痕迹的观察与解读	解读儿童学习经历,探究小班学习表征的互动策略
		基于中班儿童年龄特点的个别化学习户外体验活动的多元记录方式
		个别化学习户外体验活动中儿童主动学习的计划制定
2019 学年第二学期	基于观察识别,探索个别化学习/自然探索活动中的互动策略	解读小班儿童学习行为,探索个别化学习活动材料的支持策略
		立足儿童视角,探索基于中班儿童年龄特点的户外记录方式研究

时间	大组教研	年级组专题教研
		以个别化学习户外体验活动为载体,探究推动大班儿童深度学习的实践策略
2020 学年第一学期	立足儿童视角,探索个别化学习主题区的推进策略	解读小班儿童学习特点,探索个别化学习材料的设计
		关注儿童与材料的互动,探索个别化户外体验活动材料推进的有效策略
		基于观察识别,探索大班个别化学习户外体验活动的深度推进
2020 学年第二学期	基于儿童可持续发展的个别化学习活动材料设计	关注小班儿童学习经历,优化个别化学习语言内容的设计
		基于儿童学习需求,探索中班个别化学习户外体验活动的项目式设计与推进
		基于儿童学习需求,探索大班个别化学习户外体验活动材料的师幼共建
2021 学年第一学期	基于儿童可持续发展的室内外个别化学习活动观察与分享	解读小班儿童学习特点,探索个别化学习材料的设计
		关注儿童与材料的互动,探索个别化户外体验活动材料推进有效策略
		基于观察识别,探索大班个别化学习户外体验活动的深度推进

课程研修是教师成长的重要途径,在儿童自然探索课程的引领下,研修内容贴近教师的课程实施需求,有效提升教师专业自主发展的素养,推动教师专业可持续发展。

后记

教育是使命,是幸福。

踏着岁月的脚步,红石路幼儿园迎来十岁的生日。回眸走过的路,十年艰辛创业,十年幸福成长,仿佛就是昨日。这十年,不平凡,不简单,既难舍,且难忘;这十年,梅兰竹菊,满庭芬芳;这十年,春色满园,香溢红幼。这十年,红石路幼儿园在两任园长的带领下,认真践行"源于天性,成于自然"办园理念,以"让儿童与自然共舞"自然探索课程理念为引领,深入推进儿童自然探索课程的实施,努力打造特色课程的品牌效应,成为促进儿童健康快乐成长的加油站。

十年来,红石路幼儿园坚持"传承文化、励志改革、打造优质"的发展思路,砥砺前行,追求突破,用真情赢得家长的赞誉、社会的认同,成为一所百姓家门口的优质园。

岁月不居,时光如流,回顾红幼的发展足迹,回首本书成书的过程,红幼人心中格外动情。感动源于各位专家的适时点拨、及时而宝贵的指导,让我们的实践研究跨出新步子。感谢上海市教育科学研究院杨四耕老师的指导与关心,启示我们从学术思维的角度去梳理成果;感谢上海市教委教研室徐则民主任,在我们最需要帮助的时候,为我们精准实施课程指引了方向;感谢嘉定区教育局学前教育科许丽华科长、嘉定区教育学院学前科陆静主任、科研室郭文霞老师,感谢你们多年如一日对我们的实践与研究给予悉心关注与指导。

此书的完成是红幼全体教师实践智慧的结晶,在此深表谢意。尤其要感谢儿童自然探索课程研究组的老师们,她们是:俞春燕、司有芳、曹越、巢莹、夏雯、张丽芳等。

感谢华东师范大学出版社在本书出版过程中给予的支持和对书稿的认真

修改。

　　手捧《儿童自然探索课程》书稿，我仍忐忑不安。尽管它真实呈现了我们红石路幼儿园多年来的辛勤耕耘，尽管我们字斟句酌，但限于认识水平和能力，难免有不妥之处，敬请读者批评指正。

上海市嘉定区红石路幼儿园园长　朱萍

2023 年 2 月 12 日

"品质课程" 阅读书目

学校整体课程规划
学校整体课程规划的七个关键
教学诠释学

📖 特色学校聚焦丛书

让个性自然发荣滋长："引发教育"的理论寻源与实践探索
面向每一个生命的教育
让每一个生命澄澈明亮："小水滴"课程的旨趣与创意
新劳动教育：时代意蕴与实践创新
自信教育与个性生长

📖 跨学科课程丛书

像博士一样探究：PHD 课程的创意与探索

📖 核心素养导向的课堂教学丛书

深度教学的内在维度：数学反思性学习的六个策略
具身学习的 18 种实践范式
课堂是照亮彼此的地方
以学习为中心的课堂范型
简练语文：教学主张与实践智慧
课堂核心素养

📖 特色课程建设丛书

幼儿园特色课程的框架与实施
课程是鲜活的："大视野课程"的旨趣与活性
指向核心素养培育的学校课程图谱
让儿童生活在美的世界里：幼儿园全景美育的课程探索
核心素养与学习需求：学校课程建设导引
儿童自然探索课程

📖 课堂教学新样态丛书

课堂，与美最近的距离：基于学科核心素养的课堂教学变革
协同教学：意蕴与智慧
决胜课堂 28 招

一百个孩子，一百个世界：基于差异的教学变革
课堂如诗："雅美课堂"的姿态
在教室里眺望世界：基于 BYOD 的教学方式变革
课堂教学的资源设计与方式变革
境脉教学的实践范式与创意设计
任务驱动与学科实践

学校课程变革新取向丛书

平衡性变革：学校课程建设新取向
解构性变革：学校课程发展的突破口
赋权性变革：提升学科领导力
整合性变革：特色学科的内在生长
内生性变革：学科课程的生成机理
审美性变革：学校课程的诗意境界
协商性变革：基于集体审议的课程变革
扎根性变革：学校课程发展的文化路径

课程育人新坐标丛书

学校课程的统整之道
教室里的课程
儿童立场的课程探索
童味园课程：这里有最难忘的童年
具身课程：语文学科课程新样态
让每一个孩子体验创新的激情："智慧树课程"的探索与实践
境脉学习：英语课程实施新取向
美学取向的课程探究
学科实践：语文素养的致获
全景化劳动：面向儿童的劳动课程
在结构与解构之间：数学学科课程设计
特需课程：个性化学科课程设计

学校整体课程探索丛书

学校整体课程的文化逻辑
学校整体课程的深度实施
学校整体课程的系统设计

课程治理新范式丛书

以学生为中心的教育治理